Asha Sohal

Fundamentos, inovações e futuro da tecnologia de registo distribuído

Asha Sohal

Fundamentos, inovações e futuro da tecnologia de registo distribuído

ScienciaScripts

Imprint
Any brand names and product names mentioned in this book are subject to trademark, brand or patent protection and are trademarks or registered trademarks of their respective holders. The use of brand names, product names, common names, trade names, product descriptions etc. even without a particular marking in this work is in no way to be construed to mean that such names may be regarded as unrestricted in respect of trademark and brand protection legislation and could thus be used by anyone.

Cover image: www.ingimage.com

This book is a translation from the original published under ISBN 978-620-7-81097-0.

Publisher:
Sciencia Scripts
is a trademark of
Dodo Books Indian Ocean Ltd. and OmniScriptum S.R.L publishing group

120 High Road, East Finchley, London, N2 9ED, United Kingdom
Str. Armeneasca 28/1, office 1, Chisinau MD-2012, Republic of Moldova, Europe
Printed at: see last page
ISBN: 978-620-7-89296-9

"Blockchain Unveiled: Os fundamentos, as inovações e o futuro da tecnologia de registo distribuído"

Índice

Resumo

Blockchain Unveiled: The Fundamentals, Innovations, and Future of Distributed Ledger Technology explora o mundo revolucionário da tecnologia blockchain, fornecendo uma visão abrangente dos seus princípios fundamentais, design arquitetónico e diversas aplicações. Este livro aprofunda os meandros da cadeia de blocos, explicando como funciona esta tecnologia transformadora, a sua evolução histórica e os conceitos fundamentais que sustentam o seu funcionamento, como a tecnologia de registo distribuído, os mecanismos de consenso e as funções hash criptográficas.

O livro está estruturado de forma a guiar os leitores desde a compreensão básica até ao conhecimento avançado, abrangendo a arquitetura da cadeia de blocos, incluindo estruturas de blocos, hashing e árvores Merkle, bem como vários mecanismos de consenso, como Proof-of-Work, Proof-of-Stake e Byzantine Fault Tolerance. Apresenta as principais plataformas de cadeia de blocos, como Bitcoin, Ethereum, Hyperledger e Ripple, e discute as ferramentas e estruturas essenciais para o desenvolvimento de cadeias de blocos.

Para além dos detalhes técnicos, o livro explora as inúmeras aplicações da tecnologia de cadeia de blocos para além das criptomoedas. Examina a forma como a cadeia de blocos está a revolucionar indústrias como as finanças, a gestão da cadeia de fornecimento, os cuidados de saúde e os sistemas de votação, mostrando o seu potencial para melhorar a segurança, a transparência e a eficiência em diversos sectores.

A segurança e a privacidade são considerações críticas na tecnologia blockchain. Este livro aborda as vulnerabilidades comuns, as melhores práticas para o desenvolvimento seguro de contratos inteligentes e as técnicas de reforço da privacidade, como as provas de conhecimento zero. Também navega no complexo cenário legal e regulamentar que envolve a cadeia de blocos, fornecendo informações sobre regulamentos globais e questões de conformidade.

Olhando para o futuro, o livro discute os desafios de escalabilidade e interoperabilidade em redes de blockchain, tendências emergentes como blockchains resistentes a quantum e a integração de blockchain com inteligência artificial, e a ascensão de organizações autónomas descentralizadas (DAOs). Fornece exercícios práticos e estudos de caso para ajudar os leitores a aplicar os seus conhecimentos e a compreender as implementações da tecnologia blockchain no mundo real.

Blockchain Unveiled é um guia completo para estudantes, programadores, profissionais e entusiastas que procuram compreender os fundamentos de blockchain, explorar as suas inovações e compreender o seu potencial impacto futuro. Através de explicações pormenorizadas, conhecimentos práticos e perspectivas de futuro, este livro tem como objetivo desmistificar a tecnologia de cadeia de blocos e capacitar os leitores para aproveitarem as suas capacidades.

Capítulo 1: Noções básicas sobre Blockchain

1.1 O que é a cadeia de blocos?

A cadeia de blocos é uma tecnologia de registo descentralizada e distribuída que regista de forma segura as transacções em vários computadores. Cada transação é agrupada num bloco, que é depois ligado ao bloco anterior, formando uma cadeia de blocos. Esta estrutura garante que, uma vez registados os dados, estes não podem ser alterados retroativamente sem alterar todos os blocos subsequentes, o que requer o consenso da rede.

Principais componentes da cadeia de blocos:

- **Ledger**: Um registo digital de todas as transacções.

- **Bloco**: Um conjunto de transacções.

- **Cadeia**: A sequência de blocos ligados entre si.

- **Nós**: Computadores independentes que mantêm e validam a blockchain.

- **Mecanismo de consenso**: O protocolo utilizado para chegar a acordo sobre a validade das transacções (por exemplo, Prova de Trabalho, Prova de Participação).

1.2 História e evolução da cadeia de blocos

1.2.1 Conceitos iniciais e precursores

- **Década de 1980-1990**: O conceito de uma cadeia de blocos criptograficamente segura foi introduzido pela primeira vez por Stuart Haber e W. Scott Stornetta em 1991. Descreveram um sistema em que os registos de data e hora dos documentos não podiam ser adulterados.

1.2.2 Nascimento da Bitcoin e da cadeia de blocos

- **2008**: A misteriosa figura (ou grupo) conhecida como Satoshi Nakamoto publicou o livro branco da Bitcoin intitulado "Bitcoin: A Peer-to-Peer Electronic Cash System" (Bitcoin: um sistema de dinheiro eletrónico peer-to-peer), delineando uma nova forma de moeda digital que utilizava um livro-razão descentralizado-blockchain.

- **2009**: Nakamoto lançou o primeiro software Bitcoin, lançando a rede Bitcoin e extraindo o bloco de génese (Bloco 0).

1.2.3 Evolução e diversificação

- **2013**: Vitalik Buterin propôs o Ethereum, uma cadeia de blocos com uma linguagem de programação integrada, permitindo aos programadores criar contratos inteligentes e aplicações descentralizadas (DApps). A rede principal do Ethereum foi lançada em 2015.

- **2015-presente**: Surgiram numerosas plataformas de cadeias de blocos, como a Hyperledger (2015), a Ripple (2012) e, mais recentemente, plataformas escaláveis e interoperáveis como a Polkadot (2020) e a Cardano (2017).

1.2.4 Tendências actuais

- **Finanças Descentralizadas (DeFi)**: Um movimento que aproveita o blockchain para recriar os sistemas financeiros tradicionais em uma arquitetura descentralizada.

- **Tokens não fungíveis (NFTs)**: Ativos digitais únicos verificados usando blockchain, ganhando popularidade em arte digital e colecionáveis.

1.3 Principais características da tecnologia Blockchain

1.3.1 Descentralização

- **Definição**: Ao contrário das tradicionais bases de dados centralizadas geridas por uma única entidade, a cadeia de blocos é mantida por uma rede distribuída de nós.

- **Vantagens**: Reduz o risco de um único ponto de falha e melhora a integridade dos dados.

1.3.2 Transparência e imutabilidade

- **Definição**: As transacções numa cadeia de blocos são visíveis para todos os participantes e não podem ser alteradas depois de confirmadas.

- **Vantagem**: Assegura a confiança e a responsabilização no sistema.

1.3.3 Segurança

- **Definição**: A cadeia de blocos utiliza técnicas criptográficas para proteger dados e validar transacções.

- **Vantagem**: Protege contra fraude, pirataria informática e acesso não autorizado.

1.3.4 Mecanismos de consenso

- **Definição**: Protocolos que os nós seguem para chegar a acordo sobre a validade das transacções.

- **Exemplos**: Prova de Trabalho (PoW), Prova de Participação (PoS) e Prova de Participação Delegada (DPoS).

- **Vantagem**: Assegura o acordo entre os participantes sem uma autoridade central.

1.3.5 Contratos inteligentes

- **Definição**: Contratos auto-executáveis com os termos do acordo diretamente escritos em código.

- **Vantagem**: Automatiza e faz cumprir os acordos, reduzindo a necessidade de intermediários.

1.4 Blockchain vs. Bases de dados tradicionais

1.4.1 Arquitetura

- **Bases de dados tradicionais**: Arquitetura centralizada com um único ponto de controlo. Exemplos incluem bases de dados SQL como MySQL e PostgreSQL.

- **Blockchain**: Descentralizada e distribuída por vários nós. Cada nó tem uma cópia de toda a cadeia de blocos.

1.4.2 Integridade e imutabilidade dos dados

- **Bases de dados tradicionais**: Os dados podem ser modificados ou eliminados pelo administrador da base de dados. A integridade é mantida através de cópias de segurança e auditorias.

- **Blockchain**: Os dados, uma vez escritos, não podem ser alterados ou eliminados. A imutabilidade é imposta através de protocolos criptográficos de hashing e consenso.

1.4.3 Segurança

- **Bases de dados tradicionais**: A segurança é gerida de forma centralizada e é vulnerável a falhas num único ponto e a ameaças internas.

- **Blockchain**: Maior segurança através da descentralização e criptografia, reduzindo os riscos de adulteração e acesso não autorizado.

1.4.4 Transparência

- **Bases de dados tradicionais**: O acesso aos dados é restrito a utilizadores autorizados. A transparência é limitada pelos controlos de acesso.

- **Blockchain**: As transacções são transparentes e podem ser vistas por todos os participantes na rede, promovendo a responsabilização.

1.4.5 Desempenho e escalabilidade

- **Bases de dados tradicionais**: Normalmente, oferecem um elevado desempenho e escalabilidade para aplicações de grande escala, com técnicas de otimização estabelecidas.

- **Blockchain**: Enfrenta desafios com a escalabilidade e a taxa de transferência de transacções. Soluções como sharding, protocolos de camada 2 e novos mecanismos de consenso estão a ser desenvolvidos para resolver estes problemas.

1.4.6 Casos de utilização

- **Bases de dados tradicionais**: Adequadas para aplicações que requerem um elevado débito de transacções, controlo centralizado e capacidades de consulta complexas.

- **Blockchain**: Ideal para aplicações que requerem transparência, imutabilidade, controlo descentralizado e segurança melhorada, como a gestão da cadeia de fornecimento, identidade digital e finanças descentralizadas.

Resumo

Compreender a tecnologia blockchain requer uma compreensão dos seus princípios fundamentais, da sua evolução histórica e das características únicas que a distinguem das bases de dados tradicionais. A Blockchain oferece uma abordagem descentralizada, segura e transparente para registar e verificar transacções, prometendo revolucionar várias indústrias. No entanto, também enfrenta desafios, particularmente em termos de escalabilidade e desempenho, que a investigação e o desenvolvimento em curso pretendem ultrapassar. Este capítulo fornece os conhecimentos básicos necessários para explorar as complexidades e aplicações mais profundas da tecnologia blockchain nos capítulos seguintes.

Capítulo 2: Noções básicas sobre Blockchain

2.1 O que é a cadeia de blocos?

A cadeia de blocos é uma tecnologia de registo descentralizada e distribuída que regista de forma segura as transacções em vários computadores. Cada transação é agrupada num bloco, que é depois ligado ao bloco anterior, formando uma cadeia de blocos. Esta estrutura garante que, uma vez registados os dados, estes não podem ser alterados retroativamente sem alterar todos os blocos subsequentes, o que requer o consenso da rede.

Principais componentes da cadeia de blocos:

- **Ledger:** Um registo digital de todas as transacções.

- **Bloco:** Um conjunto de transacções.

- **Cadeia:** A sequência de blocos ligados entre si.

- **Nós:** Computadores independentes que mantêm e validam a blockchain.

- **Mecanismo de consenso:** O protocolo utilizado para chegar a acordo sobre a validade das transacções (por exemplo, Prova de Trabalho, Prova de Participação).

2.2 História e evolução da cadeia de blocos

2.2.1 Conceitos iniciais e precursores

- **Década de 1980-1990:** O conceito de uma cadeia de blocos criptograficamente segura foi introduzido pela primeira vez por Stuart Haber e W. Scott Stornetta em 1991. Descreveram um sistema em que os registos de data e hora dos documentos não podiam ser adulterados.

1.2.2 Nascimento da Bitcoin e da cadeia de blocos

- **2008:** A misteriosa figura (ou grupo) conhecida como Satoshi Nakamoto publicou o livro branco da Bitcoin intitulado "Bitcoin: A Peer-to-Peer Electronic Cash System" (Bitcoin: um sistema de dinheiro eletrónico peer-to-peer), delineando uma nova forma de moeda digital que utilizava um livro-razão descentralizado-blockchain.

- **2009:** Nakamoto lançou o primeiro software Bitcoin, lançando a rede Bitcoin e extraindo o bloco de génese (Bloco 0).

1.2.3 Evolução e diversificação

- **2013:** Vitalik Buterin propôs o Ethereum, uma cadeia de blocos com uma linguagem de programação integrada, permitindo aos programadores criar contratos inteligentes e aplicações descentralizadas (DApps). A rede principal do Ethereum foi lançada em 2015.

- **2015-presente:** Surgiram numerosas plataformas de cadeias de blocos, como a Hyperledger (2015), a Ripple (2012) e, mais recentemente, plataformas escaláveis e interoperáveis como a Polkadot (2020) e a Cardano (2017).

1.2.4 Tendências actuais

- **Finanças Descentralizadas (DeFi):** Um movimento que aproveita o blockchain para recriar os sistemas financeiros tradicionais em uma arquitetura descentralizada.

- **Tokens não fungíveis (NFTs):** Ativos digitais únicos verificados usando blockchain, ganhando popularidade em arte digital e colecionáveis.

1.3 Principais características da tecnologia Blockchain

1.3.1 Descentralização

- **Definição:** Ao contrário das tradicionais bases de dados centralizadas geridas por uma única entidade, a cadeia de blocos é mantida por uma rede distribuída de nós.

- **Vantagens:** Reduz o risco de um único ponto de falha e melhora a integridade dos dados.

1.3.2 Transparência e imutabilidade

- **Definição:** As transacções numa cadeia de blocos são visíveis para todos os participantes e não podem ser alteradas depois de confirmadas.

- **Vantagem:** Assegura a confiança e a responsabilização no sistema.

1.3.3 Segurança

- **Definição:** A Blockchain utiliza técnicas criptográficas para proteger dados e validar transacções.

- **Vantagem:** Protege contra fraude, pirataria informática e acesso não autorizado.

1.3.4 Mecanismos de consenso

- **Definição:** Protocolos que os nós seguem para chegar a acordo sobre a validade das transacções.

- **Exemplos:** Prova de Trabalho (PoW), Prova de Participação (PoS) e Prova de Participação Delegada (DPoS).

- **Vantagem:** Assegura o acordo entre os participantes sem uma autoridade central.

1.3.5 Contratos inteligentes

- **Definição:** Contratos auto-executáveis com os termos do acordo diretamente escritos em código.

- **Vantagem:** Automatiza e faz cumprir os acordos, reduzindo a necessidade de intermediários.

1.4 Blockchain vs. Bases de dados tradicionais

1.4.1 Arquitetura

- **Bases de dados tradicionais:** Arquitetura centralizada com um único ponto de controlo. Exemplos incluem bases de dados SQL como MySQL e PostgreSQL.

- **Blockchain:** Descentralizada e distribuída por vários nós. Cada nó tem uma cópia de toda a cadeia de blocos.

1.4.2 Integridade e imutabilidade dos dados

- **Bases de dados tradicionais:** Os dados podem ser modificados ou eliminados pelo administrador da base de dados. A integridade é mantida através de cópias de segurança e auditorias.

- **Blockchain:** Os dados, uma vez escritos, não podem ser alterados ou eliminados. A imutabilidade é imposta através de protocolos criptográficos de hashing e consenso.

1.4.3 Segurança

- **Bases de dados tradicionais:** A segurança é gerida de forma centralizada e é vulnerável a falhas num único ponto e a ameaças internas.

- **Blockchain:** Segurança reforçada através da descentralização e criptografia, reduzindo os riscos de adulteração e acesso não autorizado.

1.4.4 Transparência

- **Bases de dados tradicionais:** O acesso aos dados é restrito a utilizadores autorizados. A transparência é limitada pelos controlos de acesso.

- **Blockchain:** As transacções são transparentes e podem ser vistas por todos os participantes na rede, promovendo a responsabilização.

1.4.5 Desempenho e escalabilidade

- **Bases de dados tradicionais:** Normalmente, oferecem um elevado desempenho e escalabilidade para aplicações de grande escala, com técnicas de otimização estabelecidas.

- **Blockchain:** Enfrenta desafios com a escalabilidade e a taxa de transferência de transacções. Soluções como sharding, protocolos de camada 2 e novos mecanismos de consenso estão a ser desenvolvidos para resolver estes problemas.

1.4.6 Casos de utilização

- **Bases de dados tradicionais:** Adequadas para aplicações que requerem um elevado débito de transacções, controlo centralizado e capacidades de consulta complexas.

- **Blockchain:** Ideal para aplicações que exigem transparência e imutabilidade, controlo descentralizado e segurança reforçada, como a gestão da cadeia de abastecimento, a identidade digital e as finanças descentralizadas.

Resumo

Compreender a tecnologia blockchain requer uma compreensão dos seus princípios fundamentais, da sua evolução histórica e das características únicas que a distinguem das bases de dados tradicionais. A Blockchain oferece uma abordagem descentralizada, segura e transparente para registar e verificar transacções, prometendo revolucionar várias indústrias. No entanto, também enfrenta desafios, particularmente em termos de escalabilidade e desempenho, que a investigação e o desenvolvimento em curso pretendem ultrapassar. Este capítulo fornece os conhecimentos básicos necessários para explorar as complexidades e aplicações mais profundas da tecnologia blockchain nos capítulos seguintes.

Capítulo 3: A estrutura de uma cadeia de blocos

3.1 Estrutura de blocos

Um bloco é a unidade fundamental de uma cadeia de blocos, consistindo em vários componentes-chave que garantem a integridade e a funcionalidade da cadeia de blocos. Eis os principais componentes de um bloco:

3.1.1 Cabeçalho:

- **Hash do bloco anterior:** Uma referência ao hash do bloco anterior, ligando os blocos para formar uma cadeia.

- **Carimbo de data/hora:** A hora em que o bloco foi criado, garantindo a ordem cronológica.

- **Nonce:** Um número aleatório utilizado no algoritmo de prova de trabalho para variar o hash do bloco.

- **Raiz de Merkle:** A raiz da árvore Merkle, que resume todas as transacções no bloco.

3.1.2 Corpo:

- **Lista de transacções:** Uma lista de transacções incluídas no bloco. Cada transação contém detalhes como o remetente, o destinatário, o montante e as assinaturas criptográficas.

3.1.3 Tamanho do bloco:

- O tamanho do bloco, normalmente medido em bytes. Diferentes cadeias de blocos têm diferentes limites de tamanho de bloco, influenciando o número de transacções por bloco.

3.2 Hashing e criptografia

O hashing e a criptografia são essenciais para proteger os dados e garantir a integridade numa cadeia de blocos.

3.2.1 Funções de hash criptográficas:

- **Definição:** Uma função hash criptográfica recebe uma entrada (ou "mensagem") e devolve uma cadeia de bytes de tamanho fixo. A saída, chamada hash, parece aleatória.

- **Propriedades:**

  - **Determinístico:** A mesma entrada produz sempre o mesmo hash.

  - **Computação rápida:** O processo de hashing é eficiente e rápido.

  - **Resistência à pré-imagem:** Difícil de reverter o hash para a entrada original.

  - **Pequenas alterações:** Qualquer alteração na entrada produz um hash muito diferente.

  - **Resistência à colisão:** É difícil encontrar duas entradas diferentes que produzam o mesmo hash.

- **Funções de hash comuns:** SHA-256 (utilizada na Bitcoin), SHA-3.

3.2.2 Assinaturas digitais:

- **Definição:** As assinaturas digitais garantem a autenticidade e a integridade de uma mensagem ou transação.

- **Processo:** Envolve a criação de um hash da transação e, em seguida, a sua encriptação com a chave privada do remetente. O destinatário pode verificá-la utilizando a chave pública do remetente.

- **Algoritmos:** ECDSA (Algoritmo de Assinatura Digital de Curva Elíptica), RSA.

3.3 Árvores de Merkle

As árvores Merkle, também conhecidas como árvores hash, são um componente fundamental da tecnologia blockchain, permitindo a verificação eficiente e segura de grandes conjuntos de dados.

3.3.1 Estrutura:

- **Folhas:** Cada nó folha é um hash da transação de um bloco.

- **Nós não-folha:** Cada nó não-folha é um hash dos seus nós filhos.

- **Raiz Merkle:** O nó mais alto, que resume todas as transacções no bloco.

3.3.2 Benefícios:

- **Eficiência:** Simplifica o processo de verificação. Apenas o caminho de uma transação para a raiz do Merkle precisa de ser verificado.

- **Integridade:** Qualquer alteração nas transacções altera a raiz do Merkle, assinalando um bloco adulterado.

- **Segurança:** Permite que clientes leves verifiquem as transacções sem descarregar toda a cadeia de blocos.

3.3.3 Caso de utilização:

- **SPV (Verificação de pagamento simplificada):** Permite que os nós verifiquem as transacções sem necessitarem da cadeia de blocos completa, melhorando a eficiência para clientes leves.

3.4 Exploração mineira e prova de trabalho

A mineração é o processo pelo qual novos blocos são adicionados à cadeia de blocos, envolvendo a resolução de problemas computacionais complexos.

3.4.1 Prova de trabalho (PoW):

- **Definição:** Um mecanismo de consenso que exige que os mineiros resolvam puzzles criptográficos para validar transacções e criar novos blocos.

- **Processo:**

  - **Hashing:** Os mineiros competem para encontrar um hash abaixo de um valor-alvo, determinado pela dificuldade da rede.

  - **Nonce:** Os mineiros alteram o nonce no cabeçalho do bloco para gerar um hash válido.

> o **Validação:** O primeiro mineiro a encontrar um hash válido transmite o bloco para o
>> rede.

> o **Recompensa:** O mineiro bem sucedido recebe uma recompensa pelo bloco (moedas recém-cunhadas) e taxas de transação.

3.4.2 Mineração Dificuldade:

- **Ajuste:** A dificuldade da rede ajusta-se aproximadamente de duas em duas semanas para manter um tempo de bloco consistente (por exemplo, 10 minutos em Bitcoin).

- **Implicações:** Uma maior dificuldade requer mais potência e energia computacional.

3.4.3 Segurança:

- **Ataque de 51%:** Se um mineiro ou grupo controla mais de 50% do poder de hashing da rede, eles podem potencialmente manipular o blockchain. O PoW atenua esta situação, tornando-a computacionalmente dispendiosa e praticamente inviável.

3.4.4 Impacto ambiental:

- **Consumo de energia:** A extração de PoW consome uma quantidade significativa de energia, o que suscita preocupações quanto à sustentabilidade ambiental. Estão a ser desenvolvidos esforços para desenvolver mecanismos de consenso mais eficientes em termos energéticos (por exemplo, Proof of Stake).

Resumo

Compreender a estrutura de uma cadeia de blocos, princípios de hashing e criptografia, árvores Merkle e o mecanismo de consenso de Prova de Trabalho é crucial para compreender como a tecnologia de cadeia de blocos garante segurança, integridade e eficiência. O design complexo dos blocos, combinado com técnicas criptográficas, permite um registo descentralizado e inviolável que suporta várias aplicações para além das criptomoedas. Este conhecimento fundamental prepara o terreno para explorar tópicos mais avançados na tecnologia blockchain.

Capítulo 4: Mecanismos de consenso em profundidade

4.1 Prova de Trabalho (PoW)

4.1.1 Definição:

- A prova de trabalho (PoW) é um mecanismo de consenso utilizado em redes de cadeias de blocos para obter um acordo sobre o estado do registo através de puzzles computacionais.

4.1.2 Processo:

- Os mineiros competem para resolver problemas matemáticos complexos, o que exige um poder computacional significativo.

- O primeiro mineiro a encontrar uma solução transmite-a à rede para verificação.

- Outros nós verificam a validade da solução e, se confirmada, o bloco é adicionado à cadeia de blocos e o mineiro recebe uma recompensa.

4.1.3 Características principais:

- Segurança: O PoW é resistente a ataques Sybil e proporciona um carácter final probabilístico.

- Energia intensiva: A extração mineira exige uma potência computacional e um consumo de energia substanciais.

- Descentralização: A participação aberta permite que qualquer pessoa se torne um mineiro.

4.1.4 Limitações:

- Preocupações ambientais: O elevado consumo de energia levanta questões de sustentabilidade.

- Escalabilidade: Rendimento limitado da transação devido ao tempo de criação do bloco e às restrições de tamanho.

- Ataque de 51%: Vulnerável a ataques se uma única entidade controlar a maioria da taxa de hash da rede.

4.2 Prova de participação (PoS)

4.2.1 Definição:

- Proof-of-Stake (PoS) é um mecanismo de consenso em que a probabilidade de criar um novo bloco é determinada pela quantidade de criptomoeda que um participante detém e está disposto a "apostar" ou bloquear.

4.2.2 Processo:

- Os validadores são seleccionados para criar novos blocos com base na sua participação.

- Os validadores são incentivados a agir honestamente, uma vez que os seus activos em jogo servem de garantia.

- A validação em bloco é mais eficiente em termos energéticos do que a PoW.

4.2.3 Características principais:

- Eficiência energética: O PoS requer muito menos energia do que o PoW.

- Segurança: Os validadores são incentivados a agir honestamente para evitar perder os seus activos em jogo.

- Escalabilidade: O PoS é teoricamente mais escalável do que o PoW.

4.2.4 Limitações:

- Centralização da riqueza: O PdS pode levar à centralização, onde os participantes ricos têm mais influência.

- Problema "nada a perder": Os validadores não têm nada a perder se validarem várias cadeias contraditórias, o que compromete a segurança.

- Ataques de longo alcance: As redes PoS são vulneráveis a ataques em que um adversário pode reescrever blocos históricos.

4.3 Prova de participação delegada (DPoS)

4.3.1 Definição:

- A Delegated Proof-of-Stake (DPoS) é uma variação da PoS em que os participantes votam num número limitado de delegados para produzir blocos em seu nome.

4.3.2 Processo:

- Os detentores de tokens votam nos delegados que são responsáveis pela criação de blocos e pela governação da rede.
- Os delegados são eleitos com base na sua reputação e desempenho.
- O objetivo da DPoS é alcançar uma maior eficiência e escalabilidade, reduzindo o número de nós produtores de blocos.

4.3.3 Características principais:

- Eficiência: A DPoS pode atingir um elevado débito de transacções devido a um número limitado de produtores de blocos.
- Governação: Os detentores de tokens têm uma palavra a dizer diretamente nas decisões da rede através da votação por delegação.
- Segurança: A DPoS baseia-se na integridade dos delegados eleitos.

4.3.4 Limitações:

- Tendências de centralização: A DPoS pode levar à centralização se um pequeno número de delegados controlar a rede.
- Apatia do eleitor: Os detentores de tokens podem delegar o seu poder de voto a grandes partes interessadas, reduzindo a descentralização.

4.4 Tolerância prática a falhas bizantinas (PBFT)

4.4.1 Definição:

- O Practical Byzantine Fault Tolerance (PBFT) é um mecanismo de consenso que permite que um sistema distribuído chegue a acordo na presença de nós com falhas.

4.4.2 Processo:

- Os nós comunicam e trocam mensagens para chegar a um consenso sobre a ordem das transacções.

- O PBFT requer um processo em duas fases: uma fase de pré-preparação e uma fase de confirmação.

- Os nós trocam mensagens e assinaturas para garantir que todos os nós honestos concordam com a ordem das transacções.

4.4.3 Características principais:

- Finalidade: O PBFT atinge uma finalidade determinística, ou seja, uma vez alcançado o consenso, este não pode ser revertido.

- Tolerância a falhas: O PBFT pode tolerar até um terço dos nós com falhas.

- Baixa latência: O PBFT foi projetado para ambientes de baixa latência, tornando-o adequado para redes de blockchain com permissão.

4.4.4 Limitações:

- Escalabilidade: O desempenho do PBFT diminui à medida que o número de nós aumenta.

- Centralização: O PBFT requer um conjunto fixo de nós, levando potencialmente à centralização em redes permissionadas.

4.5 Análise comparativa

4.5.1 Principais métricas:

- **Segurança:** O PoW e o PBFT oferecem uma elevada segurança contra vários ataques. O PoS e o DPoS suscitam preocupações de segurança relacionadas com a concentração e a centralização do património.

- **Escalabilidade:** O PoS e o DPoS são mais escaláveis em comparação com o PoW devido aos seus requisitos de energia mais baixos e tempos de criação de blocos mais rápidos.

- **Descentralização:** O PoW é considerado o mais descentralizado devido à participação aberta. O PoS e o DPoS podem levar à centralização se não forem concebidos corretamente.

4.5.2 Casos de utilização:

- **PoW:** Bitcoin e Ethereum usam PoW para segurança e descentralização.

- **PoS:** A Ethereum planeia fazer a transição para PoS para melhorar a escalabilidade e reduzir o consumo de energia.

- **DPoS:** O EOS e o Tron utilizam o DPoS para obter um elevado débito de transacções.

- **PBFT:** Utilizado em redes de blockchain com permissão, onde a baixa latência e a finalidade são críticas.

4.5.3 Tendências futuras:

- **Abordagens híbridas:** Os futuros mecanismos de consenso podem combinar elementos de PoW, PoS, DPoS e PBFT para alcançar uma segurança, escalabilidade e descentralização óptimas.

- **Foco na sustentabilidade:** Os mecanismos de consenso energeticamente eficientes ganharão destaque devido às crescentes preocupações com o impacto ambiental.

Resumo

Os mecanismos de consenso são fundamentais para as redes de cadeias de blocos, determinando a forma como as transacções são validadas e adicionadas ao livro-razão. Proof-of-Work (PoW), Proof-of-Stake (PoS), Delegated Proof-of-Stake (DPoS) e Practical Byzantine Fault Tolerance (PBFT) são algoritmos de consenso proeminentes, cada um com as suas vantagens e limitações. Compreender estes mecanismos e a sua análise comparativa é essencial para conceber e operar redes de cadeias de blocos eficientes e seguras, adaptadas a casos de utilização e requisitos específicos.

Capítulo 5: Principais plataformas de cadeia de blocos

5.1 Bitcoin: O pioneiro

5.1.1 Visão geral:

- A Bitcoin, criada por Satoshi Nakamoto em 2008, é a primeira e mais conhecida criptomoeda.

- Funciona numa rede descentralizada de nós que utilizam o mecanismo de consenso Proof-of-Work (PoW).

5.1.2 Características principais:

- **Moeda digital:** A Bitcoin funciona como um sistema de dinheiro eletrónico peer-to-peer, permitindo transacções seguras e sem fronteiras, sem intermediários.

- **Oferta limitada:** A Bitcoin tem uma oferta limitada de 21 milhões de moedas, o que a torna deflacionária por definição.

- **Segurança: O** mecanismo de consenso PoW do Bitcoin garante a segurança da rede através da mineração descentralizada.

5.1.3 Casos de utilização:

- **Reserva de valor:** A Bitcoin é frequentemente utilizada como uma reserva de valor, semelhante ao ouro digital, devido à sua escassez e resistência à censura.

- **Sistema de pagamento:** Apesar dos desafios de escalabilidade, a Bitcoin é utilizada para transacções diárias, remessas e pagamentos transfronteiriços.

5.2 Ethereum: A plataforma de contratos inteligentes

5.2.1 Visão geral:

- O Ethereum, proposto por Vitalik Buterin em 2013 e lançado em 2015, é uma plataforma descentralizada que permite a execução de contratos inteligentes e aplicações descentralizadas (DApps).

- Utiliza a Máquina Virtual Ethereum (EVM) e funciona com um mecanismo de consenso de Prova de Trabalho (PoW), passando para Prova de Participação (PoS) no Ethereum 2.0.

5.2.2 Características principais:

- **Contratos inteligentes:** O Ethereum permite que os programadores criem e implementem contratos inteligentes, acordos auto-executáveis com condições predefinidas.

- **Aplicações descentralizadas (DApps):** Os programadores podem criar DApps no Ethereum, tirando partido da sua infraestrutura descentralizada.

- **Tokens ERC-20:** O padrão de token da Ethereum permite a criação de tokens fungíveis, facilitando a tokenização e ICOs (Initial Coin Offerings).

5.2.3 Casos de utilização:

- **Finanças descentralizadas (DeFi):** O Ethereum é a base para várias aplicações DeFi, incluindo empréstimos, empréstimos, trocas descentralizadas (DEXs) e produção agrícola.

- **Tokens não fungíveis (NFTs):** O padrão ERC-721 da Ethereum permite a criação e o comércio de ativos digitais exclusivos, levando ao aumento de NFTs em arte, jogos e colecionáveis.

5.3 Hyperledger: Soluções de blockchain para empresas

5.3.1 Visão geral:

- O Hyperledger é um esforço colaborativo de código aberto acolhido pela Linux Foundation, com o objetivo de fazer avançar as tecnologias de cadeia de blocos entre sectores.

- Ao contrário das cadeias de blocos públicas como a Bitcoin e a Ethereum, a Hyperledger centra-se em redes de cadeias de blocos autorizadas adequadas a casos de utilização empresarial.

5.3.2 Características principais:

- **Modularidade:** O Hyperledger oferece uma gama de estruturas e ferramentas de cadeia de blocos adaptadas a requisitos empresariais específicos, incluindo

Hyperledger Fabric, Sawtooth, Indy e Besu.

- **Redes com permissões:** A arquitetura permissionada do Hyperledger permite
  o rganizações para controlar o acesso e a governação, garantindo a privacidade e
a confidencialidade.

- **Interoperabilidade:** Os projectos Hyperledger dão prioridade à
  interoperabilidade e à integração com os sistemas e normas existentes, o que os
  torna adequados para a adoção pelas empresas.

5.3.3 Casos de utilização:

- **Gestão da cadeia de abastecimento:** O Hyperledger facilita o acompanhamento
  transparente e eficiente da cadeia de abastecimento, permitindo visibilidade e
  rastreabilidade de ponta a ponta.

- **Gestão de identidades:** O Hyperledger Indy fornece ferramentas para a gestão
  descentralizada de identidades, permitindo identidades digitais seguras e
  verificáveis.

5.4 Ripple: Pagamentos transfronteiriços

5.4.1 Visão geral:

- O Ripple, lançado em 2012, é um protocolo de pagamento baseado em
  blockchain e uma plataforma de moeda digital concebida para facilitar
  pagamentos transfronteiriços rápidos e de baixo custo.

- Funciona com um algoritmo de consenso denominado Ripple Protocol
  Consensus Algorithm (RPCA).

5.4.2 Características principais:

- **XRP Ledger:** A Ripple utiliza o XRP Ledger, um livro-razão descentralizado
  alimentado por uma rede de validadores, para liquidar transacções em tempo real.

- **Liquidez sob demanda (ODL):** O serviço ODL da Ripple aproveita o XRP para
  fornecer liquidez instantânea e reduzir o custo dos pagamentos transfronteiriços.

- **Interoperabilidade:** A rede da Ripple permite a interoperabilidade entre instituições financeiras tradicionais, fornecedores de pagamentos e trocas de activos digitais.

5.4.3 Casos de utilização:

- **Remessas:** A plataforma da Ripple é utilizada por instituições financeiras e fornecedores de remessas para facilitar remessas transfronteiriças rápidas e de baixo custo.

- **Provisão de liquidez:** O XRP serve como uma moeda ponte, fornecendo liquidez entre diferentes moedas fiduciárias e activos digitais.

Resumo

As principais plataformas de cadeia de blocos, como a Bitcoin, a Ethereum, a Hyperledger e a Ripple, abriram caminho a diversas aplicações da tecnologia de cadeia de blocos em vários sectores. Cada plataforma oferece características e capacidades únicas, atendendo a diferentes casos de utilização e requisitos. Desde o papel da Bitcoin como moeda digital e reserva de valor até às capacidades de contrato inteligente da Ethereum e às soluções de nível empresarial da Hyperledger, as plataformas de cadeia de blocos continuam a impulsionar a inovação e a perturbação nas finanças, cadeia de fornecimento, gestão de identidades e muito mais. Compreender os pontos fortes e as limitações destas plataformas é crucial para tirar partido da tecnologia de cadeia de blocos de forma eficaz em aplicações do mundo real.

Capítulo 6: Ferramentas e desenvolvimento de cadeias de blocos

6.1 Estruturas de desenvolvimento de cadeias de blocos

6.1.1 Visão geral:

- As estruturas de desenvolvimento de cadeias de blocos fornecem aos programadores ferramentas, bibliotecas e APIs para criar e implementar aplicações de cadeias de blocos de forma eficiente.

- Estas estruturas abstraem as complexidades de baixo nível, permitindo que os programadores se concentrem na lógica e na funcionalidade da aplicação.

6.1.2 Quadros populares:

- **Trufa:** Truffle é uma estrutura de desenvolvimento popular para aplicações baseadas em Ethereum. Ele fornece um conjunto de ferramentas para compilação, teste e implantação de contratos inteligentes.

- **Hyperledger Composer:** O Hyperledger Composer simplifica o desenvolvimento de aplicações baseadas no Hyperledger Fabric, oferecendo ferramentas de modelação e APIs para a criação de redes comerciais e contratos inteligentes.

- **Embarque:** Embark é uma estrutura para Ethereum e aplicativos descentralizados (DApps), oferecendo recursos para desenvolvimento, teste e implantação de contratos.

6.2 Linguagens de contratos inteligentes (Solidity, Vyper)

6.2.1 Solidez:

- **Visão geral:** Solidity é a linguagem de programação mais utilizada para escrever contratos inteligentes na plataforma Ethereum.

- **Características:** O Solidity é estaticamente tipado, suporta herança, bibliotecas e estruturas de dados complexas. Foi concebido para ser semelhante ao JavaScript e ao Python, tornando-o acessível aos programadores.

6.2.2 Vyper:

- **Visão geral:** Vyper é uma linguagem de contrato inteligente alternativa para Ethereum, conhecida por sua simplicidade e design focado na segurança.

- **Características:** O Vyper é intencionalmente restritivo, evitando características complexas para melhorar a legibilidade e reduzir a superfície de ataque. Foi concebido para ser menos propenso a erros do que o Solidity, especialmente para programadores principiantes.

6.3 Ferramentas e ambientes de desenvolvimento

6.3.1 Ambientes de Desenvolvimento Integrado (IDEs):

- **Remix:** O Remix é um IDE online para o desenvolvimento de contratos inteligentes Ethereum. Oferece funcionalidades para escrever, testar e depurar código Solidity diretamente no browser.

- **Código do Visual Studio (Código VS):** O VS Code é um editor de código popular com extensões para o desenvolvimento de blockchain, incluindo realce de sintaxe, conclusão de código e suporte de depuração para Solidity e outras linguagens.

6.3.2 Estruturas de teste:

- **Teste Truffle:** O Truffle fornece uma estrutura de teste integrada para contratos inteligentes Ethereum, permitindo que os programadores escrevam testes automatizados para garantir a correção dos seus contratos.

- **Ganache:** Ganache é uma blockchain pessoal para o desenvolvimento de Ethereum, fornecendo um ambiente de blockchain local para testar e depurar contratos inteligentes.

6.4 Implementação e teste de aplicações Blockchain

6.4.1 Plataformas de implantação:

- **Rede principal Ethereum:** A implementação de aplicações na rede principal Ethereum permite a utilização no mundo real e a interação com outros contratos inteligentes e DApps.

- **Redes de teste (Ropsten, Rinkeby, Kovan):** As redes de teste fornecem ambientes semelhantes à rede principal Ethereum, mas com éter falso para fins de teste. São utilizadas para implementar e testar aplicações sem incorrer em custos reais.

6.4.2 Estratégias de teste:

- **Testes unitários:** Os testes unitários centram-se em componentes individuais do contrato inteligente, garantindo que cada função se comporta como esperado.

- **Testes de integração:** Os testes de integração verificam as interacções entre os diferentes componentes da aplicação, como os contratos inteligentes è os sistemas externos.

- **Testes de ponta a ponta:** Os testes extremo-a-extremo simulam cenários do mundo real, incluindo interacções e transacções do utilizador, para validar a funcionalidade de toda a aplicação.

Resumo

As estruturas de desenvolvimento de cadeias de blocos, as linguagens de contratos inteligentes, as ferramentas de desenvolvimento e as estratégias de implementação/teste são componentes essenciais do processo de desenvolvimento de cadeias de blocos. Os programadores tiram partido de estruturas como o Truffle e o Hyperledger Composer para simplificar as tarefas de desenvolvimento, enquanto linguagens como o Solidity e o Vyper permitem a criação de contratos inteligentes. Os ambientes de desenvolvimento integrado (IDE), como o Remix e o Visual Studio Code, fornecem as ferramentas necessárias para escrever, testar e depurar aplicações de cadeia de blocos. As plataformas de implementação, como a rede principal Ethereum e as redes de teste, oferecem ambientes para implementar e testar aplicações, enquanto as estruturas de teste garantem a fiabilidade e a correção de contratos inteligentes e DApps. Compreender estas ferramentas e metodologias é crucial para criar aplicações de cadeia de blocos robustas e eficientes.

Capítulo 7: Serviços financeiros e criptomoedas

7.1 Fundamentos da criptomoeda

7.1.1 Visão geral:

- As criptomoedas são moedas digitais ou virtuais protegidas por criptografia e tecnologia de registo descentralizado, como a cadeia de blocos.

- Permitem transacções peer-to-peer sem necessidade de intermediários como bancos ou governos.

7.1.2 Características principais:

- **Descentralização:** As criptomoedas operam em redes descentralizadas, eliminando a necessidade de autoridades centrais.

- **Segurança:** A criptografia garante a segurança e a integridade das transacções.

- **Oferta limitada:** Muitas criptomoedas têm uma oferta limitada, o que as torna activos deflacionários.

- **Anonimato:** Embora nem todas as criptomoedas ofereçam anonimato total, muitas oferecem pseudonimato, protegendo a privacidade do utilizador.

7.1.3 Casos de utilização:

- **Pagamentos:** As criptomoedas podem ser utilizadas para transacções diárias, compras online, remessas e pagamentos transfronteiriços.

- **Investimento:** As criptomoedas funcionam como activos especulativos e veículos de investimento, oferecendo potencial para retornos elevados, mas também uma volatilidade significativa.

- **Reserva de valor:** Algumas criptomoedas, como a Bitcoin, são consideradas ouro digital, oferecendo uma proteção contra a inflação e a desvalorização da moeda fiduciária.

7.2 Finanças descentralizadas (DeFi)

7.2.1 Visão geral:

- Finanças descentralizadas (DeFi) refere-se a um conjunto de serviços e aplicações financeiras construídas em plataformas de blockchain descentralizadas.

- O objetivo da DeFi é democratizar o acesso aos serviços financeiros, eliminar os intermediários e aumentar a transparência e a eficiência.

7.2.2 Componentes principais:

- **Empréstimos e empréstimos:** As plataformas DeFi permitem empréstimos peer-to-peer e empréstimos de criptomoedas, permitindo aos utilizadores ganhar juros ou aceder a liquidez.

- **Bolsas descentralizadas (DEXs):** As DEXs facilitam a negociação peer-to-peer de criptomoedas sem a necessidade de intermediários ou livros de ordens centralizados.

- **Stablecoins:** Stablecoins são criptomoedas atreladas a ativos estáveis, como moedas fiduciárias ou commodities, proporcionando estabilidade e facilitando as transações dentro do ecossistema DeFi.

- **Yield Farming e Liquidity Mining:** O Yield Farming envolve o fornecimento de liquidez aos protocolos DeFi em troca de recompensas, enquanto a extração de liquidez incentiva os utilizadores a contribuírem com activos para pools de liquidez.

7.2.3 Casos de utilização:

- **Acesso a serviços financeiros:** A DeFi permite que indivíduos em todo o mundo acedam a serviços financeiros como empréstimos, empréstimos, negociação e obtenção de juros sem a infraestrutura bancária tradicional.

- **Gestão de activos:** As plataformas DeFi oferecem oportunidades de gestão de activos, negociação automatizada e diversificação de carteiras através de protocolos descentralizados e contratos inteligentes.

- **Gestão do risco:** Os produtos derivados e de seguros DeFi fornecem soluções de gestão do risco, permitindo aos utilizadores cobrir-se contra a volatilidade dos preços e proteger os seus investimentos.

7.3 Tokenização de activos

7.3.1 Visão geral:

- A tokenização envolve a representação de activos do mundo real, como imóveis, arte, acções ou mercadorias, como tokens digitais numa cadeia de blocos.

- Esses tokens são programáveis, divisíveis e podem ser facilmente transferidos e negociados em plataformas de blockchain.

7.3.2 Benefícios:

- **Propriedade fraccionada:** A tokenização permite que os activos sejam divididos em unidades mais pequenas e mais acessíveis, permitindo a propriedade fraccionada e aumentando a liquidez.

- **Eficiência:** Os tokens digitais simplificam a transferência e a liquidação de activos, reduzindo as despesas administrativas, a papelada e os custos de transação.

- **Acessibilidade:** Os activos tokenizados podem ser negociados globalmente, 24 horas por dia, 7 dias por semana, proporcionando acesso a oportunidades de investimento anteriormente limitadas por barreiras geográficas ou regulamentares.

7.3.3 Casos de utilização:

- **Imobiliário:** A tokenização permite a propriedade fracionada de propriedades imobiliárias, tornando o investimento em propriedades de alto valor mais acessível a uma gama mais ampla de investidores.

- **Arte e Coleccionáveis:** A tokenização permite que os investidores possuam fracções de obras de arte valiosas, coleccionáveis ou bens raros, democratizando o acesso ao mercado da arte.

- **Títulos:** Os títulos tokenizados representam a propriedade de instrumentos financeiros tradicionais, como acções, obrigações e mercadorias, oferecendo maior liquidez e eficiência na negociação e liquidação.

7.4 Blockchain na banca e nos pagamentos

7.4.1 Visão geral:

- A tecnologia Blockchain está a transformar os sistemas bancários e de pagamento tradicionais, oferecendo maior segurança, transparência e eficiência.

7.4.2 Principais aplicações:

- **Pagamentos transfronteiriços:** As redes de pagamento baseadas em blockchain, como a Ripple, fornecem soluções de pagamento transfronteiriço mais rápidas, mais baratas e mais transparentes, reduzindo a dependência de correspondentes bancários.

- **Financiamento do comércio:** A Blockchain simplifica os processos de financiamento do comércio através da digitalização de documentos comerciais, reduzindo a burocracia e permitindo o rastreio em tempo real de bens e pagamentos.

- **Remessas:** As plataformas de remessas baseadas em blockchain oferecem soluções mais rápidas, mais baratas e mais acessíveis para o envio de dinheiro internacionalmente, particularmente para regiões sub-bancárias.

7.4.3 Benefícios:

- **Redução de custos:** A Blockchain reduz os custos associados a intermediários, processos manuais, reconciliação e prevenção de fraudes nos sistemas bancários e de pagamentos.

- **Transparência:** A cadeia de blocos proporciona transparência e imutabilidade das transacções, aumentando a confiança entre os participantes e reduzindo o risco de fraude e erros.

- **Inclusão financeira:** A Blockchain permite que os serviços financeiros sejam acessíveis a populações não bancarizadas e sub-bancarizadas, capacitando os indivíduos nas regiões em desenvolvimento a participar na economia global.

Resumo

A tecnologia Blockchain está a revolucionar o sector dos serviços financeiros, oferecendo soluções inovadoras para pagamentos, serviços bancários, tokenização de activos e finanças descentralizadas (DeFi). As criptomoedas servem como moedas digitais e activos de investimento, enquanto as plataformas DeFi democratizam o acesso a serviços financeiros e permitem transacções peer-to-peer. A tokenização de ativos torna os ativos do mundo real mais acessíveis e líquidos, enquanto os sistemas bancários e de pagamento baseados em blockchain oferecem maior segurança, transparência e eficiência. Compreender esses fundamentos é essencial para alavancar todo o potencial da tecnologia blockchain no setor financeiro e além.

Capítulo 8: Para além das finanças: Aplicações Diversas

8.1 Gestão da cadeia de abastecimento

8.1.1 Visão geral:

- A tecnologia Blockchain está a transformar a gestão da cadeia de abastecimento, proporcionando transparência, rastreabilidade e eficiência em toda a cadeia de abastecimento.

8.1.2 Principais aplicações:

- **Rastreabilidade:** A Blockchain permite o rastreio em tempo real de produtos e componentes, desde as matérias-primas até aos produtos acabados, reduzindo a contrafação e garantindo a autenticidade do produto.

- **Financiamento da cadeia de abastecimento:** A Blockchain facilita o financiamento da cadeia de abastecimento através da digitalização de documentos comerciais, da automatização de processos e da visibilidade em tempo real das transacções.

- **Contratos inteligentes:** Os contratos inteligentes automatizam e aplicam acordos entre as partes na cadeia de fornecimento, garantindo a conformidade e reduzindo os litígios.

8.1.3 Benefícios:

- **Transparência:** A Blockchain proporciona transparência em toda a cadeia de abastecimento, permitindo que as partes interessadas verifiquem a origem, a autenticidade e a qualidade dos produtos.

- **Eficiência:** A Blockchain simplifica os processos da cadeia de fornecimento, reduz a burocracia, elimina os intermediários e melhora a colaboração entre parceiros.

- **Mitigação de riscos:** A Blockchain reduz o risco de fraude, roubo e erros nas operações da cadeia de abastecimento, fornecendo um registo imutável e auditável das transacções.

8.2 Cuidados de saúde

8.2.1 Visão geral:

- A tecnologia Blockchain tem o potencial de revolucionar o sector dos cuidados de saúde, melhorando a segurança dos dados, a interoperabilidade e os cuidados aos doentes.

8.2.2 Principais aplicações:

- **Registos de saúde electrónicos (EHRs):** A Blockchain permite a partilha segura e interoperável de registos de saúde electrónicos, garantindo a integridade dos dados e a privacidade dos pacientes.

- **Integridade da cadeia de fornecimento:** A Blockchain garante a integridade e a autenticidade dos produtos farmacêuticos e dos dispositivos médicos, acompanhando o seu percurso desde os fabricantes até aos pacientes.

- **Ensaios clínicos:** A cadeia de blocos aumenta a transparência e a confiança nos ensaios clínicos, registando os dados dos ensaios num livro-razão imutável, reduzindo a fraude e garantindo a conformidade.

8.2.3 Benefícios:

- **Segurança de dados:** O Blockchain protege os dados sensíveis dos pacientes contra acesso não autorizado, adulteração e violações, melhorando a segurança e a privacidade dos dados.

- **Interoperabilidade:** A cadeia de blocos promove a interoperabilidade entre sistemas de saúde díspares e partes interessadas, facilitando a colaboração e o intercâmbio de dados sem descontinuidades.

- **Capacitação dos doentes:** A cadeia de blocos permite que os doentes controlem os seus dados de saúde, concedendo-lhes direitos de acesso e de propriedade e permitindo-lhes partilhar dados de forma segura com os prestadores de cuidados de saúde.

8.3 Sistemas de votação

8.3.1 Visão geral:

- Os sistemas de votação baseados em blockchain oferecem soluções transparentes, seguras e invioláveis para a realização de eleições e para garantir a confiança dos eleitores.

8.3.2 Principais aplicações:

- **Integridade eleitoral:** A Blockchain garante a integridade e a transparência dos processos eleitorais, registando os votos num livro-razão imutável, impedindo a adulteração e a fraude.

- **Votação remota:** A Blockchain permite soluções de votação remota e online, permitindo que os eleitores votem de forma segura em qualquer parte do mundo.

- **Eleições auditáveis:** A cadeia de blocos fornece um registo transparente e auditável dos votos, permitindo a verificação independente e a auditoria dos resultados eleitorais.

8.3.3 Benefícios:

- **Segurança:** A Blockchain aumenta a segurança e a integridade dos sistemas de votação ao encriptar e armazenar os votos numa rede descentralizada, impedindo o acesso não autorizado e a manipulação.

- **Transparência:** A cadeia de blocos promove a transparência e a responsabilização nas eleições, fornecendo um registo transparente e imutável dos votos, permitindo que os eleitores verifiquem os seus votos e garantindo a confiança nos processos eleitorais.

- **Acessibilidade:** Os sistemas de votação baseados em blockchain aumentam a acessibilidade e a participação, permitindo opções de votação remota e online, especialmente para eleitores com problemas de mobilidade ou que vivem no exterior.

8.4 Propriedade intelectual e gestão de direitos digitais

8.4.1 Visão geral:

- A tecnologia Blockchain oferece soluções inovadoras para gerir os direitos de propriedade intelectual (PI) e proteger os activos digitais contra a pirataria e a utilização não autorizada.

8.4.2 Principais aplicações:

- **Propriedade digital:** A Blockchain permite aos criadores tokenizar e registar a sua propriedade intelectual como activos digitais numa blockchain, estabelecendo direitos de propriedade e proveniência.

- **Distribuição de royalties:** Os contratos inteligentes automatizam os pagamentos de royalties e a distribuição de receitas aos criadores de conteúdos e detentores de direitos, garantindo uma compensação justa e transparência.

- **Proteção de conteúdo:** O Blockchain fornece canais de distribuição seguros e à prova de adulteração para conteúdo digital, protegendo contra pirataria, duplicação não autorizada e plágio.

8.4.3 Benefícios:

- **Proveniência:** A Blockchain estabelece uma cadeia verificável de propriedade e proveniência para activos digitais, impedindo a cópia, distribuição e modificação não autorizadas.

- **Registos imutáveis:** A Blockchain garante a imutabilidade e a integridade dos direitos e transacções de PI, fornecendo provas irrefutáveis em caso de litígios ou reclamações por infração.

- **Compensação justa:** Os sistemas de distribuição de royalties baseados em Blockchain garantem uma compensação justa e transparente para os criadores de conteúdos e detentores de direitos, reduzindo os intermediários e assegurando pagamentos atempados.

Resumo

A tecnologia Blockchain vai além das finanças, oferecendo soluções transformadoras para diversos sectores, como a gestão da cadeia de abastecimento, os cuidados de saúde, os sistemas de votação e a gestão dos direitos de propriedade intelectual. Na gestão da cadeia de abastecimento, a cadeia de blocos aumenta a transparência, a rastreabilidade e a eficiência em toda a cadeia de abastecimento. Nos cuidados de saúde, a cadeia de blocos melhora a segurança dos dados, a interoperabilidade e a capacitação dos pacientes. Os sistemas de votação baseados em cadeias de blocos garantem a integridade, a transparência e a acessibilidade das eleições. No que respeita à propriedade intelectual e à gestão de direitos digitais, a cadeia de blocos fornece soluções para a propriedade digital, a proteção de conteúdos e a compensação justa. Compreender estas aplicações é essencial para desbloquear todo o potencial da tecnologia de cadeia de blocos em sectores não financeiros e impulsionar a inovação e a eficiência em todas as indústrias.

Capítulo 9: Segurança na cadeia de blocos

9.1 Vulnerabilidades e ameaças comuns

9.1.1 Visão geral:

- Os sistemas de cadeias de blocos não estão imunes a vulnerabilidades e ameaças à segurança e a compreensão destes riscos é essencial para manter a integridade e a segurança das redes de cadeias de blocos.

9.1.2 Vulnerabilidades comuns:

- **Vulnerabilidades de contratos inteligentes:** Os contratos inteligentes são susceptíveis a várias vulnerabilidades, incluindo ataques de reentrada, transbordos/subfluxos de números inteiros e acesso não autorizado.

- **Ataques de 51%:** Nas redes blockchain de prova de trabalho (PoW), uma única entidade que controle mais de 51% do poder de computação da rede pode comprometer a integridade da rede.

- **Gasto duplo:** O gasto duplo ocorre quando um utilizador gasta os mesmos tokens de criptomoeda mais do que uma vez, explorando vulnerabilidades no mecanismo de consenso.

- **Ataques Sybil:** Os ataques Sybil envolvem a criação de várias identidades ou nós falsos para obter controlo ou influência sobre uma rede blockchain.

9.1.3 Ameaças:

- **Ataques de malware e phishing:** O software malicioso e os ataques de phishing visam as chaves privadas, carteiras e informações sensíveis dos utilizadores, conduzindo ao roubo e ao acesso não autorizado.

- **Ameaças internas:** As ameaças internas envolvem agentes maliciosos dentro de uma organização ou rede que exploram o seu acesso privilegiado para comprometer a segurança ou roubar bens.

- **Riscos regulatórios e de conformidade:** A incerteza regulamentar e a não conformidade com os requisitos legais e regulamentares representam riscos para os projectos e redes de cadeias de blocos, levando a multas, responsabilidades legais e danos à reputação.

9.2 Desenvolvimento seguro de contratos inteligentes

9.2.1 Visão geral:

- Os contratos inteligentes são contratos auto-executáveis com os termos do acordo diretamente escritos no código. As práticas de desenvolvimento de contratos inteligentes seguros são cruciais para evitar vulnerabilidades e garantir a integridade das aplicações de cadeia de blocos.

9.2.2 Melhores práticas:

- **Revisão de código:** Efetuar revisões completas do código para identificar e corrigir vulnerabilidades, seguindo as melhores práticas e as normas da indústria para a codificação segura.

- **Testes e auditorias:** Implementar processos abrangentes de teste e auditoria, incluindo testes unitários, testes de integração e auditorias de segurança externas efectuadas por peritos externos.

- **Utilizar bibliotecas estabelecidas:** Utilizar bibliotecas e estruturas bem testadas e auditadas para o desenvolvimento de contratos inteligentes para evitar reinventar a roda e minimizar o risco de introdução de vulnerabilidades.

- **Padrões de design seguro:** Seguir padrões e princípios de conceção seguros, como o Princípio do Menor Privilégio, Defesa em Profundidade e Predefinições à Prova de Falhas, para minimizar as superfícies de ataque e atenuar os riscos potenciais.

- **Ferramentas de desenvolvimento seguro:** Utilizar ferramentas e ambientes de desenvolvimento seguros, tais como ferramentas de análise estática, linters e estruturas de desenvolvimento de contratos inteligentes, para identificar e resolver vulnerabilidades de segurança durante o processo de desenvolvimento.

9.3 Melhores práticas para a segurança da cadeia de blocos

9.3.1 Visão geral:

- A adoção de melhores práticas para a segurança da cadeia de blocos é essencial para proteger os activos, manter a integridade da rede e garantir a fiabilidade dos sistemas de cadeia de blocos.

9.3.2 Melhores práticas:

- **Configuração de rede segura:** Implementar configurações de rede seguras, regras de firewall e controlos de acesso para proteger os nós de blockchain e impedir o acesso não autorizado.

- **Carteiras com várias assinaturas:** Utilize carteiras com várias assinaturas para exigir várias assinaturas ou aprovações para transacções, reduzindo o risco de acesso não autorizado e roubo.

- **Atualizações e patches regulares:** Manter o software blockchain e as dependências actualizadas com os mais recentes patches e actualizações de segurança para resolver vulnerabilidades conhecidas e mitigar ameaças emergentes.

- **Encriptação:** Encriptar dados sensíveis, incluindo chaves privadas, ficheiros de carteira e comunicações, para proteger contra escutas, violações de dados e acesso não autorizado.

- **Monitorização contínua e resposta a incidentes:** Implementar processos de monitorização contínua e de resposta a incidentes para detetar e responder prontamente a ameaças e violações de segurança.

Resumo

A segurança é uma consideração crítica na tecnologia blockchain, e compreender as vulnerabilidades comuns, ameaças e melhores práticas é essencial para mitigar riscos e proteger redes e aplicações blockchain. As vulnerabilidades comuns incluem vulnerabilidades de contratos inteligentes, ataques de 51%, gastos duplos e ataques sybil, enquanto as ameaças incluem ataques de malware e phishing, ameaças internas e riscos regulamentares. As práticas de desenvolvimento de contratos inteligentes seguros envolvem revisões de código, testes, auditorias, utilização de bibliotecas estabelecidas e seguimento de padrões de conceção seguros. As melhores práticas para a segurança da cadeia de blocos incluem a configuração segura da rede, carteiras com várias assinaturas, actualizações e correcções regulares, encriptação e monitorização contínua e resposta a incidentes. Ao adotar estas melhores práticas, as organizações podem melhorar a segurança e a resiliência dos seus sistemas de cadeia de blocos e proteger-se contra potenciais ameaças e vulnerabilidades.

Capítulo 10: Privacidade nas redes Blockchain

10.1 Anonimato vs. Privacidade

10.1.1 Anonimato:

- O anonimato refere-se ao estado de ser anónimo ou não identificado numa transação ou comunicação.

- Nas redes de cadeias de blocos, o anonimato oculta a identidade dos participantes envolvidos nas transacções, dificultando o rastreio das transacções até indivíduos específicos.

10.1.2 Privacidade:

- A privacidade engloba a proteção de informações sensíveis e de dados pessoais, garantindo a confidencialidade, a integridade e o controlo dos dados.

- Nas redes blockchain, as medidas de privacidade visam proteger os detalhes das transacções, as informações financeiras e a identidade dos utilizadores contra o acesso não autorizado ou a divulgação.

10.1.3 Distinção:

- Enquanto o anonimato se centra na ocultação de identidades, a privacidade estende-se à salvaguarda de dados sensíveis e à garantia do controlo do utilizador sobre as suas informações.

- As redes de cadeias de blocos podem proporcionar vários graus de anonimato e privacidade, dependendo da conceção e da implementação de características de privacidade.

10.2 Provas de conhecimento zero

10.2.1 Visão geral:

- As provas de conhecimento zero (ZKP) são protocolos criptográficos que permitem a uma parte (o provador) provar a validade de uma afirmação a outra parte (o verificador) sem revelar qualquer informação para além da validade da própria afirmação.

- As ZKP permitem cálculos eficientes e verificáveis que preservam a privacidade em redes de cadeias de blocos.

10.2.2 Conceitos-chave:

- **Propriedade de conhecimento zero:** As provas de conhecimento zero permitem que o provador convença o verificador da verdade de uma afirmação sem revelar qualquer informação adicional para além da validade da afirmação.

- **Solidez:** Uma prova de conhecimento zero é sólida se apenas aceitar afirmações verdadeiras como válidas e rejeitar afirmações falsas com uma probabilidade esmagadora.

- **Completude:** Uma prova de conhecimento zero é completa se uma prova válida convencer o verificador da veracidade da afirmação.

10.2.3 Aplicações:

- **Transacções que preservam a privacidade:** As provas de conhecimento zero permitem transacções confidenciais em redes blockchain, permitindo aos utilizadores provar a propriedade e a validade sem revelar os detalhes da transação.

- **Verificação de identidade:** As provas de conhecimento zero podem ser utilizadas para verificação de identidade, autenticação e controlo de acesso seguros e que preservem a privacidade, sem revelar informações sensíveis.

- **Privacidade dos dados:** As provas de conhecimento zero facilitam a privacidade dos dados ao permitirem cálculos verificáveis em dados encriptados, protegendo as informações sensíveis da exposição.

10.3 Cadeias de blocos centradas na privacidade (Monero, Zcash)

10.3.1 Monero:

- **Visão geral:** Monero é uma criptomoeda focada na privacidade que prioriza o anonimato, a fungibilidade e a descentralização.

- **Características de privacidade:** O Monero usa assinaturas de anel, endereços furtivos e transações confidenciais para ofuscar detalhes de transações, identidades de remetente/recetor e valores de transações.

- **Assinaturas em anel:** As assinaturas em anel misturam a transação do gastador com outras transacções, dificultando o rastreio da origem dos fundos.

10.3.2 Zcash:

- **Visão geral:** Zcash é uma criptomoeda centrada na privacidade que oferece transacções transparentes e protegidas.

- **Características de privacidade:** O Zcash utiliza provas de conhecimento zero (zk-SNARKs) para permitir transacções protegidas, em que o remetente, o destinatário e o montante da transação são encriptados e escondidos da vista do público.

- **Transparência selectiva:** O Zcash permite aos utilizadores escolher entre transacções transparentes e protegidas, proporcionando flexibilidade e opções de privacidade.

10.4 Benefícios e considerações

10.4.1 Benefícios:

- **Privacidade aprimorada:** As cadeias de blocos centradas na privacidade oferecem maiores protecções de privacidade, anonimato e confidencialidade para as transacções e informações financeiras dos utilizadores.

- **Fungibilidade:** As criptomoedas centradas na privacidade promovem a fungibilidade, garantindo que todos os tokens são intercambiáveis e indistinguíveis, independentemente do seu histórico de transacções.

- **Capacitação do utilizador:** As funcionalidades de privacidade permitem que os utilizadores controlem a sua privacidade financeira e protejam as informações sensíveis da vigilância, do rastreio e da definição de perfis.

10.4.2 Considerações:

- **Conformidade regulamentar:** As blockchains centradas na privacidade podem enfrentar desafios regulamentares devido a preocupações com o anonimato, o branqueamento de capitais e as actividades ilícitas.

- **Escalabilidade das transacções:** As características de privacidade, como as provas de conhecimento zero, podem introduzir uma sobrecarga computacional e reduzir o rendimento e a escalabilidade das transacções.

- **Adoção da rede:** As cadeias de blocos centradas na privacidade podem ter uma adoção e liquidez mais lentas em comparação com as criptomoedas transparentes devido a incertezas regulamentares e às preferências dos utilizadores.

Resumo

A privacidade é um aspeto crítico das redes de cadeias de blocos, abrangendo o anonimato, a confidencialidade e o controlo de informações sensíveis. Enquanto o anonimato oculta as identidades, a privacidade salvaguarda os dados e garante a confidencialidade do utilizador. As provas de conhecimento zero permitem cálculos verificáveis que preservam a privacidade, facilitando as transacções confidenciais e a verificação da identidade nas redes de cadeias de blocos. As cadeias de blocos centradas na privacidade, como a Monero e a Zcash, dão prioridade ao anonimato e à fungibilidade, oferecendo protecções de privacidade mais fortes e a capacitação dos utilizadores. No entanto, a conformidade regulamentar, a escalabilidade das transacções e a adoção da rede continuam a ser considerações para as cadeias de blocos centradas na privacidade. Compreender os conceitos de anonimato, privacidade, provas de conhecimento zero e cadeias de blocos centradas na privacidade é essencial para navegar nas complexidades da privacidade em redes de cadeias de blocos e garantir a confidencialidade e segurança do utilizador.

Capítulo 11: Aspectos jurídicos e regulamentares

11.1 Desafios e considerações regulamentares

11.1.1 Visão geral:

- A tecnologia Blockchain apresenta desafios e considerações regulamentares únicos devido à sua natureza descentralizada, às transacções transfronteiriças e ao potencial impacto nos quadros jurídicos tradicionais.

11.1.2 Principais desafios:

- **Ambiguidade jurisdicional:** Determinar a jurisdição aplicável às transacções e actividades de cadeias de blocos pode ser um desafio devido à natureza global das redes de cadeias de blocos e à governação descentralizada.

- **Incerteza regulamentar:** Os rápidos avanços tecnológicos e a evolução dos casos de utilização criam incerteza em relação aos quadros regulamentares, aos requisitos de conformidade e às responsabilidades legais.

- **Conformidade com Anti-Lavagem de Dinheiro (AML) e Conheça seu Cliente (KYC):** Garantir a conformidade com os regulamentos AML e KYC é crucial para empresas baseadas em blockchain, particularmente aquelas que envolvem criptomoedas e transações financeiras.

11.1.3 Considerações:

- **Colaboração e diálogo:** Colaboração entre as entidades reguladoras, o sector As partes interessadas e os decisores políticos são essenciais para o desenvolvimento de quadros regulamentares equilibrados e eficazes que promovam a inovação e, ao mesmo tempo, abordem os potenciais riscos e desafios.

- **Educação e conscientização:** Educar reguladores, empresas e o público sobre a tecnologia blockchain, seus benefícios potenciais e implicações regulatórias pode promover a tomada de decisões informadas e facilitar a conformidade regulatória.

- **Adaptação e flexibilidade:** Os quadros regulamentares devem ser adaptáveis e flexíveis para acomodar os avanços tecnológicos, os casos de utilização emergentes e a evolução dos cenários regulamentares.

11.2 Cenário regulamentar global

11.2.1 Visão geral:

- O panorama regulamentar da tecnologia de cadeias de blocos varia significativamente entre as diferentes jurisdições, com os reguladores a adoptarem abordagens diversas para enfrentar os desafios e oportunidades regulamentares.

11.2.2 Abordagens regulamentares:

- **Amigável à inovação:** Algumas jurisdições adotam abordagens amigáveis à inovação, fornecendo sandboxes regulatórias, incentivos fiscais e ambientes de apoio para incentivar a inovação e o empreendedorismo de blockchain.

- **Regulamentação baseada em riscos:** Outras jurisdições centram-se na regulamentação baseada no risco, impondo requisitos de conformidade e mecanismos de supervisão para mitigar os potenciais riscos associados à tecnologia de cadeias de blocos, como o branqueamento de capitais, a fraude e a proteção dos consumidores.

- **Clareza regulamentar:** A clareza e a certeza regulamentares são essenciais para promover a confiança dos investidores, apoiar o crescimento do mercado e incentivar a inovação responsável nos ecossistemas de cadeias de blocos.

11.2.3 Exemplos:

- **Estados Unidos:** O cenário regulatório para a tecnologia blockchain nos Estados Unidos é complexo, com várias agências reguladoras supervisionando diferentes aspectos das atividades baseadas em blockchain, como a Securities and Exchange Commission (SEC), a Commodity Futures Trading Commission (CFTC) e a Financial Crimes Enforcement Network (FinCEN).

- **União Europeia:** A União Europeia adoptou uma abordagem pró-ativa à regulamentação da cadeia de blocos, reconhecendo o potencial da tecnologia da cadeia de blocos para impulsionar a inovação e o crescimento económico, ao mesmo tempo que aborda os desafios regulamentares através de iniciativas como o Observatório e o Fórum da Cadeia de Blocos e o Pacote de Financiamento Digital.

- **Ásia-Pacífico:** Os países da região Ásia-Pacífico, como Singapura, Japão e Coreia do Sul, implementaram quadros regulamentares favoráveis à cadeia de blocos, promovendo a inovação e o empreendedorismo, assegurando simultaneamente o cumprimento dos regulamentos AML, KYC e de proteção dos consumidores.

11.3 Conformidade e quadros jurídicos

11.3.1 Requisitos de conformidade:

- **Anti-Lavagem de Dinheiro (AML) e Conheça seu Cliente (KYC):** As empresas baseadas em blockchain, particularmente aquelas que lidam com criptomoedas e transações financeiras, devem cumprir os regulamentos AML e KYC para evitar lavagem de dinheiro, financiamento do terrorismo e fraude.

- **Regulamentação de títulos:** Os tokens e activos digitais emitidos através de ofertas iniciais de moedas (ICOs) ou vendas de tokens podem estar sujeitos à regulamentação de valores mobiliários, exigindo o cumprimento de requisitos de registo, divulgação e proteção do investidor.

- **Proteção de dados e privacidade:** As aplicações de blockchain que envolvem dados pessoais devem cumprir os regulamentos de proteção de dados e privacidade, como o Regulamento Geral de Proteção de Dados (RGPD) da União Europeia, para garantir o processamento legal e a proteção de informações pessoais.

11.3.2 Quadros jurídicos:

- **Contratos inteligentes:** Os quadros jurídicos para os contratos inteligentes ainda estão a evoluir, com reguladores e peritos jurídicos a debaterem-se com questões como a aplicabilidade do contrato, a responsabilidade e a resolução de litígios em contratos baseados em cadeias de blocos.

- **Propriedade intelectual:** A tecnologia de cadeias de blocos levanta questões de propriedade intelectual (PI) relacionadas com patentes, direitos de autor e marcas registadas, exigindo quadros jurídicos para proteger a inovação e incentivar o investimento na investigação e desenvolvimento de cadeias de blocos.

- **Conformidade regulatória:** Estabelecer programas de conformidade robustos, estruturas de governança e estruturas de gerenciamento de risco é essencial para que as empresas baseadas em blockchain naveguem pelos requisitos regulamentares, mitiguem os riscos legais e mantenham a conformidade regulamentar.

Resumo

A tecnologia Blockchain apresenta desafios e considerações legais e regulamentares, incluindo ambiguidade jurisdicional, incerteza regulamentar e requisitos de conformidade, como os regulamentos de combate ao branqueamento de capitais (AML) e de conhecimento do cliente (KYC). O cenário regulatório global para blockchain varia, com jurisdições adotando diferentes abordagens para lidar com desafios e oportunidades regulatórias. A conformidade com as estruturas legais e regulamentares, incluindo AML/KYC, regulamentação de valores mobiliários e proteção de dados, é essencial para que as empresas baseadas em blockchain operem de forma legal e sustentável. O estabelecimento de programas robustos de conformidade e estruturas de governação é crucial para navegar pelos requisitos regulamentares, mitigar os riscos legais e promover a inovação responsável nos ecossistemas de blockchain.

Capítulo 12: Escalabilidade e interoperabilidade

12.1 Desafios e soluções de escalabilidade

12.1.1 Visão geral:

- A escalabilidade refere-se à capacidade de uma rede blockchain para lidar com volumes crescentes de transacções e atividade dos utilizadores sem comprometer o desempenho, a velocidade ou a eficiência.

12.1.2 Desafios:

- **Limitações de rendimento:** As redes tradicionais de cadeias de blocos, como a Bitcoin e a Ethereum, enfrentam limitações no débito das transacções, o que resulta em congestionamentos e atrasos durante períodos de elevada procura.

- **Congestionamento da rede:** O aumento do volume de transacções pode levar ao congestionamento da rede, a taxas mais elevadas e a tempos de confirmação mais lentos, afectando a experiência e a adoção do utilizador.

- **Intensidade de recursos:** Os mecanismos de consenso de prova de trabalho (PoW) exigem recursos computacionais e consumo de energia significativos, limitando a escalabilidade e a sustentabilidade ambiental.

12.1.3 Soluções:

- **Soluções de escalonamento:** Várias soluções de escalonamento, como sharding, escalonamento fora da cadeia e soluções de camada 2, visam melhorar a escalabilidade da blockchain aumentando a taxa de transferência de transações, reduzindo a latência e otimizando a utilização de recursos.

- **Otimização do mecanismo de consenso:** A transição da prova de trabalho (PoW) para mecanismos de consenso mais escaláveis, como a prova de participação (PoS) ou a prova de participação delegada (DPoS), pode aumentar a escalabilidade e a eficiência energética.

12.2 Soluções de camada 2

12.2.1 Visão geral:

- As soluções da camada 2 são protocolos ou estruturas construídas sobre as redes blockchain existentes para melhorar a escalabilidade, o rendimento e a funcionalidade sem modificar o mecanismo de consenso subjacente.

12.2.2 Tipos de soluções de camada 2:

- **Canais de pagamento:** As redes de canais de pagamento, como a Lightning Network para Bitcoin e a Raiden Network para Ethereum, permitem transacções fora da cadeia entre utilizadores, reduzindo a carga sobre a cadeia de blocos principal.

- **Sidechains:** As sidechains são cadeias de blocos independentes interoperáveis com a cadeia de blocos principal, permitindo transacções mais rápidas e mais escaláveis, mantendo a compatibilidade e a segurança.

- **Canais de estado:** Os canais de estado permitem interacções e cálculos fora da cadeia, com apenas o resultado final estabelecido na cadeia de blocos principal, reduzindo os custos de transação e a latência.

12.2.3 Benefícios:

- **Escalabilidade:** As soluções da camada 2 aumentam o rendimento e a escalabilidade das transacções através do processamento de transacções fora da cadeia ou em paralelo com a cadeia de blocos principal.

- **Eficiência de custos:** As transacções fora da cadeia e os canais estatais reduzem as taxas de transação e os custos associados às operações na cadeia, tornando os micropagamentos e as transacções frequentes mais económicos.

- **Velocidade e latência:** As soluções da camada 2 melhoram a velocidade das transacções e reduzem a latência, contornando a blockchain principal para transacções de rotina ou de baixo valor, proporcionando uma liquidação quase instantânea.

12.3 Protocolos de interoperabilidade

12.3.1 Visão geral:

- Os protocolos de interoperabilidade facilitam a comunicação, o intercâmbio de dados e a interoperabilidade entre diferentes redes de cadeias de blocos, permitindo uma interação perfeita e a transferência de activos através de ecossistemas díspares.

12.3.2 Conceitos-chave:

- **Comunicação entre cadeias:** Os protocolos de interoperabilidade permitem a comunicação entre cadeias, permitindo que activos e dados sejam transferidos entre diferentes redes de cadeias de blocos sem a necessidade de intermediários.

- **Swaps atómicos:** Os protocolos de troca atómica permitem a troca peer-to-peer de activos entre diferentes cadeias de blocos de uma forma descentralizada e sem confiança, sem depender de trocas centralizadas.

- **Pontes de Token:** Os protocolos de ponte de token estabelecem ligações entre diferentes redes de blockchain, facilitando a transferência e a interoperabilidade de tokens e activos entre ecossistemas.

12.3.3 Benefícios:

- **Integração do ecossistema:** Os protocolos de interoperabilidade promovem a integração e a colaboração do ecossistema, permitindo a transferência contínua de activos, o intercâmbio de dados e a interoperabilidade entre diferentes redes de cadeias de blocos.

- **Eficiência do mercado:** A interoperabilidade reduz a fragmentação e melhora a eficiência do mercado, permitindo a liquidez, a portabilidade dos activos e a compatibilidade entre cadeias, melhorando a experiência do utilizador e a sua adoção.

- **Diversificação:** A interoperabilidade permite que os utilizadores diversifiquem as suas participações e acedam a uma gama mais ampla de activos e serviços em várias redes de cadeias de blocos, reduzindo a dependência de ecossistemas únicos.

Resumo

A escalabilidade e a interoperabilidade são desafios críticos que as redes de blockchain enfrentam, afetando a taxa de transferência de transações, a experiência do usuário e o crescimento do ecossistema. As soluções de escalabilidade, incluindo soluções de camada 2 e otimização do mecanismo de consenso, visam aumentar o rendimento das transacções, reduzir a latência e melhorar a eficiência dos recursos. As soluções da camada 2, como canais de pagamento, sidechains e canais de estado, melhoram a escalabilidade ao processar transacções fora da cadeia ou em paralelo com a cadeia de blocos principal. Os protocolos de interoperabilidade facilitam a comunicação entre cadeias e a transferência de activos, promovendo a integração do ecossistema, a eficiência do mercado e a diversificação. Compreender os desafios e as soluções de escalabilidade, bem como os protocolos de interoperabilidade, é essencial para abordar as limitações de escalabilidade e promover a interoperabilidade entre redes de cadeias de blocos, impulsionando a inovação e a adoção no espaço das cadeias de blocos.

Capítulo 13: Tendências e inovações emergentes

13.1 Cadeias de blocos resistentes ao quantum

13.1.1 Visão geral:

- As cadeias de blocos resistentes ao quantum são concebidas para resistir à potencial ameaça representada pelos computadores quânticos, que poderiam comprometer a segurança criptográfica das redes de cadeias de blocos tradicionais.

13.1.2 Conceitos-chave:

- **Ameaça da computação quântica:** Os computadores quânticos têm o potencial de quebrar algoritmos criptográficos amplamente utilizados, como RSA e ECC, que formam a base da segurança do blockchain.

- **Criptografia pós-quântica:** Os algoritmos de criptografia pós-quântica (PQC), como a criptografia baseada em treliça, a criptografia baseada em hash e a criptografia baseada em código, oferecem resistência a ataques quânticos e estão a ser explorados para utilização em cadeias de blocos resistentes ao quantum.

13.1.3 Soluções:

- **Actualizações de algoritmos:** As redes de blockchain podem atualizar os seus algoritmos criptográficos para alternativas resistentes ao quantum para mitigar o risco de ataques quânticos e garantir a segurança a longo prazo.

- **Abordagens híbridas:** As arquitecturas híbridas de cadeias de blocos combinam criptografia resistente ao quantum com técnicas criptográficas tradicionais para proporcionar maior segurança e resiliência contra ameaças quânticas.

13.2 Cadeia de blocos e Inteligência Artificial (IA)

13.2.1 Visão geral:

- A convergência das tecnologias de cadeia de blocos e de inteligência artificial (IA) oferece oportunidades para melhorar a privacidade, a segurança e a transparência dos dados, permitindo simultaneamente novas aplicações e casos de utilização.

13.2.2 Sinergias:

- **Privacidade e segurança dos dados:** As cadeias de blocos podem melhorar a privacidade e a segurança dos dados, fornecendo registos imutáveis e invioláveis das transacções de dados, enquanto as técnicas de IA, como a cifragem homomórfica e a aprendizagem federada, podem permitir o processamento e a análise de dados seguros e com preservação da privacidade.

- **Transparência e responsabilidade:** A transparência e a auditabilidade da Blockchain podem aumentar a confiança e a responsabilidade nos sistemas de IA, fornecendo registos verificáveis de fontes de dados, dados de treino e decisões algorítmicas, reduzindo o risco de parcialidade, manipulação e fraude.

- **Mercados de IA descentralizados:** Os mercados descentralizados baseados em blockchain permitem a troca de serviços, dados e modelos de IA de forma transparente, segura e sem confiança, promovendo a inovação e a colaboração no ecossistema de IA.

13.2.3 Casos de utilização:

- **Gestão da cadeia de abastecimento:** As tecnologias Blockchain e IA podem ser combinadas para acompanhar e rastrear produtos ao longo da cadeia de abastecimento, otimizar a logística e a gestão de inventário e detetar produtos falsificados e fraudes.

- **Cuidados de saúde:** A Blockchain e a IA podem facilitar a partilha segura e com preservação da privacidade de registos e dados médicos para investigação e análise, melhorar os diagnósticos e os resultados dos tratamentos e permitir cuidados de saúde e medicina personalizados.

13.3 Organizações Autónomas Descentralizadas (DAOs)

13.3.1 Visão geral:

- As organizações autónomas descentralizadas (DAO) são entidades baseadas em blockchain regidas por contratos inteligentes e mecanismos de consenso, permitindo a tomada de decisões descentralizada e a operação autónoma sem controlo centralizado.

13.3.2 Conceitos-chave:

- **Governação por contratos inteligentes:** As DAOs utilizam contratos inteligentes para automatizar os processos de governação, como a votação, a tomada de decisões e a atribuição de recursos, com base em regras predefinidas e mecanismos de consenso.

- **Governação baseada em tokens:** Os tokens de governação da DAO representam direitos de propriedade e de voto dentro da organização, permitindo que os detentores de tokens participem nos processos de governação e influenciem a tomada de decisões.

13.3.3 Benefícios:

- **Descentralização:** As DAOs permitem a tomada de decisões e a governação descentralizadas, reduzindo a dependência de autoridades e intermediários centralizados e promovendo uma maior transparência, justiça e inclusão.

- **Autonomia:** As DAOs operam de forma autónoma com base em regras predefinidas e contratos inteligentes, eliminando a necessidade de intervenção humana e garantindo consistência, eficiência e fiabilidade na tomada de decisões e operações.

- **Inovação:** As DAOs facilitam a colaboração, a inovação e a experimentação, fornecendo uma plataforma descentralizada para que indivíduos e comunidades coordenem recursos, partilhem ideias e prossigam objectivos comuns.

Resumo

As tendências e inovações emergentes na tecnologia de cadeias de blocos incluem cadeias de blocos resistentes ao quantum, que visam atenuar a ameaça que os computadores quânticos representam para os algoritmos criptográficos tradicionais. A convergência das tecnologias blockchain e de inteligência artificial (IA) oferece oportunidades para melhorar a privacidade, a segurança e a transparência dos dados, permitindo novas aplicações e casos de utilização, como a gestão da cadeia de abastecimento e os cuidados de saúde. As organizações autónomas descentralizadas (DAO) tiram partido da tecnologia blockchain e de contratos inteligentes para permitir a tomada de decisões e a governação descentralizadas, promovendo a transparência, a autonomia e a inovação. Compreender estas tendências e inovações emergentes é essencial para navegar no cenário em evolução da tecnologia blockchain e aproveitar o seu potencial para impulsionar a inovação, a colaboração e a transformação em várias indústrias e sectores.

Capítulo 14: Perspectivas futuras da cadeia de blocos

14.1 Previsões e especulações

14.1.1 Visão geral:

- As previsões e especulações sobre o futuro da tecnologia blockchain são abundantes, com especialistas e analistas do sector a preverem várias tendências, desafios e oportunidades nos próximos anos.

14.1.2 Principais previsões:

- **Adoção em massa:** Muitos prevêem uma adoção generalizada da tecnologia blockchain em todas as indústrias e sectores, impulsionada por avanços na escalabilidade, interoperabilidade e clareza regulamentar.

- **Tokenização de activos:** Espera-se que a tokenização de ativos do mundo real, como imóveis, títulos e propriedade intelectual, aumente, abrindo novas oportunidades de investimento e liquidez.

- **DeFi e Open Finance:** Prevê-se que as finanças descentralizadas (DeFi) e as plataformas financeiras abertas venham a perturbar os sistemas financeiros tradicionais, oferecendo maior acessibilidade, transparência e eficiência nos serviços financeiros.

- **Integração da cadeia de blocos com tecnologias emergentes:** Prevê-se que a Blockchain se integre em tecnologias emergentes, como a inteligência artificial (IA), a Internet das Coisas (IoT) e as redes 5G, permitindo novas aplicações e casos de utilização.

14.2 O papel da cadeia de blocos na Web 3.0

14.2.1 Visão geral:

- A Web 3.0, muitas vezes referida como a Web descentralizada, prevê uma Internet mais aberta, segura e centrada no utilizador, alimentada pela tecnologia blockchain, protocolos descentralizados e redes peer-to-peer.

14.2.2 Características principais:

- **Descentralização:** A Web 3.0 enfatiza a descentralização, removendo intermediários e pontos centrais de controlo e dando aos utilizadores o poder de controlar os seus dados, identidade e bens digitais.

- **Interoperabilidade:** A interoperabilidade entre diferentes redes e protocolos de cadeias de blocos é crucial para o sucesso da Web 3.0, permitindo uma comunicação sem descontinuidades, o intercâmbio de dados e a interoperabilidade entre ecossistemas díspares.

- **Privacidade e segurança:** A Web 3.0 dá prioridade à privacidade e à segurança, tirando partido de técnicas criptográficas, provas de conhecimento zero e soluções de identidade descentralizadas para proteger os dados do utilizador e garantir a confidencialidade, integridade e autenticidade.

14.2.3 Aplicações:

- **Redes sociais descentralizadas:** As redes sociais descentralizadas construídas com base na tecnologia blockchain visam dar aos utilizadores controlo sobre os seus dados, definições de privacidade e moderação de conteúdos, reduzindo a dependência de plataformas e algoritmos centralizados.

- **Finanças descentralizadas (DeFi):** As plataformas e protocolos DeFi permitem empréstimos peer-to-peer, empréstimos, negociação e gestão de activos sem intermediários, proporcionando uma maior inclusão financeira, transparência e autonomia.

- **Identidade descentralizada:** As soluções de identidade descentralizada baseadas na tecnologia blockchain permitem aos utilizadores controlar as suas identidades digitais, gerir o acesso a dados pessoais e autenticar transacções sem depender de autoridades centralizadas ou fornecedores de identidade.

14.3 Implicações e potencialidades a longo prazo

14.3.1 Visão geral:

- A tecnologia Blockchain tem implicações de grande alcance e potencial para transformar vários aspectos da sociedade, da economia e da governação a longo prazo.

14.3.2 Principais implicações:

- **Transformação económica:** A tecnologia Blockchain tem o potencial de perturbar os modelos de negócio tradicionais, criar novos mercados e democratizar o acesso ao capital, aos recursos e às oportunidades.

- **Impacto social:** A Blockchain pode capacitar indivíduos e comunidades, proporcionando inclusão financeira, identidade digital e acesso a serviços como cuidados de saúde, educação e votação.

- **Governação e democracia:** Os sistemas de governação baseados em cadeias de blocos e as organizações autónomas descentralizadas (DAO) têm o potencial de aumentar a transparência, a responsabilização e a tomada de decisões participativas na governação e na democracia.

14.3.3 Desafios potenciais:

- **Obstáculos regulamentares:** Os desafios e incertezas regulamentares podem dificultar a adoção e o crescimento da tecnologia blockchain, especialmente em sectores altamente regulamentados, como o financeiro e o da saúde.

- **Escalabilidade e interoperabilidade:** As limitações de escalabilidade e interoperabilidade podem impedir a adoção generalizada e a utilização das redes de cadeias de blocos para aplicações e casos de utilização no mercado de massas.

- **Preocupações com segurança e privacidade:** As vulnerabilidades de segurança, os riscos de privacidade e as violações de dados representam desafios contínuos para a tecnologia de cadeia de blocos, exigindo inovação e melhoria contínuas dos protocolos de segurança e das melhores práticas.

Resumo

As perspectivas futuras da tecnologia de cadeia de blocos são caracterizadas por previsões, especulações e potenciais perturbações em várias indústrias e sectores. As previsões incluem adoção em massa, tokenização de activos, DeFi e integração da cadeia de blocos com tecnologias emergentes. O papel da blockchain na Web 3.0 enfatiza a descentralização, a interoperabilidade, a privacidade e a segurança, com aplicações que abrangem redes sociais descentralizadas, DeFi e identidade descentralizada. As implicações a longo prazo e o potencial da tecnologia de cadeia de blocos incluem a transformação económica, o impacto social e a inovação da governação, juntamente com desafios como obstáculos regulamentares, limitações de escalabilidade e preocupações de segurança. Compreender as perspectivas futuras da cadeia de blocos é essencial para antecipar tendências, oportunidades e desafios no cenário em evolução da tecnologia de cadeia de blocos e o seu impacto na sociedade, na economia e na governação.

Capítulo 15: Projectos práticos de cadeia de blocos

15.1   Configurar uma cadeia de blocos privada

15.1.1 Visão geral:

- A configuração de uma cadeia de blocos privada envolve a criação de uma rede de cadeia de blocos com acesso e controlo restritos, adequada para testes, desenvolvimento e casos de utilização interna.

15.1.2 Passos:

1. **Escolher a plataforma de cadeia de blocos:** Seleccione uma plataforma de cadeia de blocos adequada para a criação de uma rede privada, como a Ethereum, Hyperledger Fabric ou Quorum.

2. **Configuração de rede:** Configure os parâmetros de rede, o mecanismo de consenso e as definições dos nós de acordo com os seus requisitos e casos de utilização.

3. **Implantação de nós:** Implantar nós de blockchain em servidores ou máquinas virtuais, garantindo a conetividade e a sincronização entre os nós.

4. **Criação do bloco Genesis:** Gerar o bloco genesis e inicializar a rede blockchain com parâmetros predefinidos, como ID da rede, dificuldade e limite de gás.

5. **Configuração de pares:** Adicionar e configurar nós de pares para se juntarem à rede, estabelecendo comunicação e consenso entre os nós.

6. **Teste de rede:** Testar a funcionalidade, o desempenho e a segurança da rede privada de blockchain, incluindo o processamento de transacções, a execução de contratos inteligentes e a sincronização de nós.

7. **Medidas de segurança:** Implementar medidas de segurança, como controlo de acesso, encriptação e autenticação, para proteger a rede privada de blockchain contra acesso não autorizado e ataques maliciosos.

15.2 Desenvolvimento e implementação de um contrato inteligente

15.2.1 Visão geral:

- Desenvolver e implementar um contrato inteligente envolve escrever, compilar e implementar código autoexecutável numa rede blockchain para automatizar e aplicar acordos ou transacções digitais.

15.2.2 Passos:

1. **Selecionar a linguagem de contrato inteligente:** Seleccione uma linguagem de programação de contrato inteligente suportada pela plataforma de cadeia de blocos escolhida, como Solidity para Ethereum ou Chaincode para Hyperledger Fabric.

2. **Desenvolvimento de contratos inteligentes:** Escrever, testar e depurar o código do contrato inteligente usando ambientes de desenvolvimento integrados (IDEs), editores de código e estruturas de teste.

3. **Compilar o contrato inteligente:** Compilar o código do contrato inteligente em bytecode ou formato legível por máquina utilizando ferramentas de compilação fornecidas pela plataforma de cadeia de blocos.

4. **Implementar** o contrato inteligente: Implementar o bytecode do contrato inteligente compilado na rede blockchain utilizando ferramentas de implementação ou comandos fornecidos pela plataforma, especificando parâmetros de implementação como o limite de gás e as taxas de transação.

5. **Confirmação da transação:** Confirmar e verificar a transação de implementação do contrato inteligente na rede blockchain, garantindo a execução bem sucedida e a inclusão no livro-razão da blockchain.

6. **Interagir com o contrato inteligente:** Interagir com o contrato inteligente implantado usando carteiras de blockchain, aplicativos descentralizados (DApps) ou interfaces de linha de comando (CLIs) para invocar funções, consultar o estado e acionar transações.

15.3 Criar uma Aplicação Descentralizada (DApp)

15.3.1 Visão geral:

- A criação de uma aplicação descentralizada (DApp) envolve a conceção, desenvolvimento e implementação de uma interface de utilizador (IU) e lógica de backend que interage com contratos inteligentes e redes blockchain.

15.3.2 Passos:

1. **Definir o caso de utilização:** Definir o caso de utilização, os requisitos e as histórias de utilizador para a DApp, identificando o público-alvo, as características e as funcionalidades.

2. **Selecionar a plataforma Blockchain:** Selecionar uma plataforma de cadeia de blocos adequada e uma linguagem de contrato inteligente compatível com os requisitos, a escalabilidade e a interoperabilidade da DApp.

3. **Conceber a interface do utilizador:** Conceber a interface do utilizador (IU) e a experiência do utilizador (UX) da DApp utilizando wireframes, maquetas e ferramentas de design, garantindo a acessibilidade, a capacidade de resposta e a usabilidade.

4. **Desenvolver contratos inteligentes:** Desenvolver e implementar contratos inteligentes na rede blockchain para automatizar e aplicar a lógica empresarial, a validação de dados e o processamento de transacções.

5. **Implementar a lógica de backend:** Implementar lógica de backend e componentes do lado do servidor para interagir com contratos inteligentes, lidar com transacções e gerir dados e contas de utilizadores.

6. **Integrar Blockchain:** Integrar a funcionalidade da cadeia de blocos no frontend e backend da DApp, permitindo a interação com contratos inteligentes, a consulta de dados da cadeia de blocos e a apresentação de transacções.

7. **Testes e otimização:** Testar a funcionalidade, o desempenho e a segurança da DApp, realizando testes unitários, testes de integração e testes de aceitação do utilizador (UAT), e otimizar o código e a UI/UX com base no feedback e nos

resultados dos testes.

8. **Implementação e distribuição:** Implementar o DApp em plataformas de alojamento web, redes de armazenamento descentralizadas ou redes blockchain, e distribuí-lo aos utilizadores através de lojas de aplicações, websites ou mercados de aplicações descentralizados.

Resumo

Os projectos de cadeia de blocos práticos oferecem experiência prática na criação de cadeias de blocos privadas, desenvolvimento e implementação de contratos inteligentes e criação de aplicações descentralizadas (DApps). A criação de uma cadeia de blocos privada envolve a configuração de parâmetros de rede, a implementação de nós e o teste da funcionalidade e segurança da rede. O desenvolvimento e a implementação de um contrato inteligente requerem a escrita, a compilação e a implementação de código autoexecutável numa rede blockchain, enquanto a criação de uma DApp envolve a conceção de UI/UX, o desenvolvimento de lógica de backend e a integração da funcionalidade blockchain. Através de projectos práticos, os programadores e entusiastas podem adquirir competências e conhecimentos valiosos sobre a tecnologia blockchain, o desenvolvimento de contratos inteligentes e a implementação de aplicações descentralizadas, permitindo-lhes contribuir para o ecossistema blockchain e explorar casos de utilização e soluções inovadoras.

Capítulo 16: Estudos de caso e implementações no mundo real

16.1 Estudo de caso: Blockchain na cadeia de abastecimento

16.1.1 Visão geral:

- A tecnologia Blockchain está a revolucionar a gestão da cadeia de abastecimento, proporcionando transparência, rastreabilidade e eficiência ao longo de todo o processo da cadeia de abastecimento.

16.1.2 Caso de utilização:

- **Rastreabilidade de alimentos:** As cadeias de abastecimento alimentar utilizam a cadeia de blocos para rastrear o percurso dos produtos desde a exploração agrícola até à mesa, permitindo aos consumidores verificar a origem, a qualidade e a segurança dos produtos alimentares.

16.1.3 Benefícios:

- **Transparência:** A Blockchain fornece um registo transparente e imutável das transacções, permitindo às partes interessadas acompanhar o movimento e o estado dos bens em tempo real.

- **Rastreabilidade:** A Blockchain permite a rastreabilidade de ponta a ponta dos produtos, facilitando a gestão de recolhas, o controlo de qualidade e a conformidade com as normas regulamentares.

- **Eficiência:** Ao automatizar e simplificar os processos da cadeia de fornecimento, a cadeia de blocos reduz a burocracia, os atrasos e os erros, melhorando a eficiência operacional e a poupança de custos.

16.1.4 Exemplo de estudo de caso:

- **Walmart e IBM Food Trust:** A Walmart fez uma parceria com a IBM para implementar a tecnologia blockchain para rastreabilidade de alimentos em sua cadeia de suprimentos. Ao utilizar a cadeia de blocos, a Walmart pode seguir o percurso dos produtos alimentares desde a exploração agrícola até à loja, garantindo qualidade, segurança e transparência aos consumidores.

16.2 Estudo de caso: Blockchain nos cuidados de saúde

16.2.1 Visão geral:

- A tecnologia de cadeias de blocos tem um enorme potencial para transformar os cuidados de saúde, melhorando a interoperabilidade dos dados, a segurança e a centralização no doente.

16.2.2 Caso de utilização:

- **Registos de saúde electrónicos (EHRs):** A Blockchain permite a partilha segura e interoperável de registos de saúde electrónicos entre prestadores de cuidados de saúde, pacientes e outras partes interessadas.

16.2.3 Benefícios:

- **Segurança de dados:** A Blockchain fornece segurança criptográfica e encriptação, protegendo os dados de saúde sensíveis contra acesso não autorizado, adulteração e violações.

- **Interoperabilidade:** A Blockchain facilita a partilha e o intercâmbio de registos de saúde entre sistemas e organizações díspares, melhorando a coordenação dos cuidados e os resultados dos pacientes.

- **Capacitação dos doentes:** A cadeia de blocos dá aos doentes a propriedade e o controlo sobre os seus dados de saúde, permitindo-lhes partilhá-los com os prestadores de cuidados de saúde, investigadores e seguradoras com base na necessidade de conhecimento.

16.2.4 Exemplo de estudo de caso:

- **MedRec:** O MedRec é um sistema de registo eletrónico de saúde baseado em cadeias de blocos desenvolvido por investigadores do MIT. O MedRec permite que os pacientes acedam e partilhem de forma segura os seus registos de saúde com os prestadores de cuidados de saúde, garantindo a privacidade, a segurança e a interoperabilidade em todo o ecossistema de cuidados de saúde.

16.3 Estudo de caso: Blockchain nos serviços financeiros

16.3.1 Visão geral:

- A tecnologia Blockchain está a perturbar os serviços financeiros tradicionais, oferecendo alternativas mais rápidas, mais baratas e mais seguras aos sistemas antigos.

16.3.2 Caso de utilização:

- **Pagamentos transfronteiriços:** A Blockchain permite pagamentos transfronteiriços instantâneos, de baixo custo e transparentes, reduzindo a dependência de bancos correspondentes e intermediários.

16.3.3 Benefícios:

- **Velocidade:** Os sistemas de pagamento baseados em Blockchain processam as transacções em tempo real, permitindo uma liquidação e compensação mais rápidas em comparação com os sistemas bancários tradicionais.

- **Redução de custos:** A Blockchain elimina os intermediários e reduz as taxas de transação associadas aos pagamentos transfronteiriços, resultando em poupanças de custos para empresas e consumidores.

- **Transparência:** A Blockchain proporciona transparência e auditabilidade das transacções, permitindo aos utilizadores acompanhar o movimento de fundos em tempo real e verificar o histórico de transacções.

16.3.4 Exemplo de estudo de caso:

- **Ripple:** O Ripple é um protocolo de pagamento baseado em blockchain que permite pagamentos transfronteiriços em tempo real para instituições financeiras e provedores de remessas. A rede da Ripple, RippleNet, conecta bancos e provedores de pagamento em todo o mundo, facilitando transferências internacionais rápidas e de baixo custo sem a necessidade de relações bancárias correspondentes.

Resumo

Estudos de caso de blockchain na cadeia de suprimentos, saúde e serviços financeiros destacam implementações no mundo real e casos de uso da tecnologia blockchain em diferentes setores. Na cadeia de abastecimento, a cadeia de blocos aumenta a transparência, a rastreabilidade e a eficiência, como demonstrado pela parceria da Walmart com a IBM Food Trust. Nos cuidados de saúde, a cadeia de blocos melhora a segurança dos dados, a interoperabilidade e a capacitação dos pacientes, exemplificada por projectos como o MedRec. Nos serviços financeiros, a cadeia de blocos permite pagamentos transfronteiriços mais rápidos, mais baratos e mais transparentes, ilustrados pelo protocolo de pagamento da Ripple. Estes estudos de caso demonstram o potencial transformador da tecnologia de cadeia de blocos na abordagem dos principais desafios e na criação de novas oportunidades em vários sectores, abrindo caminho para um futuro mais eficiente, transparente e inclusivo.

Referências

1. Nakamoto, S. (2008). Bitcoin: Um sistema de dinheiro eletrónico peer-to-peer. Recuperado de https://bitcoin.org/bitcoin.pdf

2. Buterin, V. (2013). Ethereum: Um contrato inteligente de próxima geração e uma plataforma de aplicação descentralizada. Recuperado de https://ethereum.org/whitepaper/

3. IBM. (n.d.). IBM Food Trust. Obtido de https://www.ibm.com/blockchain/solutions/food-trust

4. Dubovitskaya, A., Xu, Z., Ryu, S., & Schumacher, M. (2017). Compartilhamento seguro e confiável de registros médicos eletrônicos usando blockchain. Nos Anais do Simpósio Anual da AMIA (Vol. 2017, pp. 650-659). Associação Americana de Informática Médica.

5. Azaria, A., Ekblaw, A., Vieira, T., & Lippman, A. (2016). MedRec: Usando blockchain para acesso a dados médicos e gerenciamento de permissões. In 2016 2nd International Conference on Open and Big Data (OBD) (pp. 25-30). IEEE.

6. Ripple. (n.d.). RippleNet. Recuperado de https://ripple.com/ripplenet/

7. Swan, M. (2015). Blockchain: Projeto para uma nova economia. O'Reilly Media.

8. Tapscott, D., & Tapscott, A. (2016). Revolução da cadeia de blocos: Como a tecnologia por detrás da bitcoin está a mudar o dinheiro, os negócios e o mundo. Portfólio.

9. Pilkington, M. (2016). Tecnologia Blockchain: Princípios e aplicações. Manual de Investigação sobre Transformações Digitais (Edward Elgar Publishing).

10. Antonopoulos, A. M. (2014). Dominando o Bitcoin: desbloqueando criptomoedas digitais. O'Reilly Media.

11. Mougayar, W. (2016). O blockchain empresarial: Promessa, prática e aplicação da próxima tecnologia da Internet. John Wiley & Sons.

12. Casey, M. J., & Vigna, P. (2018). A máquina da verdade: O blockchain e o futuro

de tudo. Imprensa de São Martinho.

13. Narayanan, A., Bonneau, J., Felten, E., Miller, A., & Goldfeder, S. (2016). Tecnologias de bitcoin e criptomoeda: Uma introdução abrangente. Princeton University Press.

14. Maull, R., Godsiff, P., & Mulligan, C. (2019). Tecnologia de livro-razão distribuído (blockchain) na área da saúde. Em Saúde Digital: Da digitalização à transformação (pp. 231-251). Springer.

15. Walport, M. (2016). Tecnologia de registo distribuído: Para além da cadeia de blocos. Gabinete do Governo do Reino Unido para a Ciência.

16. Fórum Económico Mundial. (2015). Mudança profunda: Pontos de viragem tecnológicos e impacto social. Obtido em https://www.weforum.org/reports/deep-shift-technology- tipping-points-and-societal-impact

17. Peterson, K., Deeduvanu, R., Kanjamala, P., & Boles, K. (2019). Uma abordagem baseada em blockchain para redes de troca de informações de saúde. Em 2019, Conferência Internacional IEEE sobre Blockchain e Criptomoeda (ICBC) (pp. 39-43). IEEE.

18. Wood, G. (2014). Ethereum: Um livro-razão seguro, descentralizado e generalizado para transacções. Documento Amarelo do Projeto Ethereum, 151(1), 1-32.

19. Organização Mundial da Saúde. (2018). Blockchain e saúde. Recuperado de https://www.who.int/news-room/detail/08-10-2018-blockchain-and-health

20. Domingo-Ferrer, J., Hasan, M. A., & Xiao, B. (2018). Privacidade em sistemas descentralizados de processamento de dados pessoais: Um documento de posição. Na Conferência Internacional sobre Disponibilidade, Fiabilidade e Segurança (pp. 205-219). Springer.

Estas referências abrangem uma série de tópicos relacionados com a tecnologia de cadeia de blocos, incluindo as suas aplicações em finanças, cuidados de saúde, gestão da cadeia

de abastecimento e muito mais, bem como trabalhos e relatórios fundamentais sobre o
tema.

Printed by Books on Demand GmbH, Norderstedt / Germany